愿你阅读本书后，
能卸下铠甲，拥抱幸福！

靠近爱

拥抱积极的
人际关系

[丹] 伊尔斯·桑德 著

刘可 崔云彩 译

COME CLOSER

ON LOVE AND SELF-PROTECTION

海豚出版社
DOLPHIN BOOKS

中国国际出版集团

图书在版编目（CIP）数据

靠近爱·拥抱积极的人际关系 / (丹) 伊尔斯·桑德
著; 刘可, 崔云彩译. -- 北京 : 海豚出版社, 2020.7
ISBN 978-7-5110-4980-3

Ⅰ.①靠… Ⅱ.①伊… ②刘… ③崔… Ⅲ.①人际关
系学—通俗读物 Ⅳ.①C912.11-49

中国版本图书馆CIP数据核字(2019)第257957号

靠近爱·拥抱积极的人际关系

[丹] 伊尔斯·桑德 著　　刘可 崔云彩 译

出 版 人	王　磊
责任编辑	张　镛
特约编辑	崔云彩
封面设计	未　氓
责任印制	于浩杰　蔡　丽
出　　版	海豚出版社
地　　址	北京市西城区百万庄大街24号
邮　　编	100037
电　　话	010-68325006（销售）010-68996147（总编室）
印　　刷	北京金特印刷有限责任公司
经　　销	新华书店及网络书店
开　　本	880mm×1230mm　1/32
印　　张	6.125
字　　数	85千字
印　　数	6000
版　　次	2020年7月第1版　2020年7月第1次印刷
标准书号	ISBN 978-7-5110-4980-3
定　　价	48.00元

序

你是否曾经被爱伤害过？

在我做牧师以及后来做心理咨询师的时候，有许多人同我交谈过，他们中的大部分人都曾被爱伤害过——前提是他们足够幸运地爱过一些人。

从我举办的关于爱与自我保护的讲座中，我了解到，不论是在人际关系刚起步时，还是在日常的人与人之间的交流中，经常使用心理机制是大有裨益的。

在这本书中，我会讲述自我保护机制是如何产生的，它们又如何成为亲密友好关系的障碍，以及如何摆脱僵化的、不受欢迎的机制。

我渐渐地明白，如果我们在每一次脆弱无助的时候，都敢于全身心地活在当下，并且卸下不必要的自我武装，那么我们的人际关系就会变得更加深厚、更有意义。

很多关于这个主题的著作都是为专业人士而写的，我在研读过程中深有体会。但是，本书在语言文字方面力求简洁明了、通俗易懂，以便任何人都能够轻松地阅读。与此同时，本书也是以学界公认的心理学理论和我多年来为别人做心理治疗时的经验为基础的。

书中提到的许多具体的案例，大多数情况下是为了教育的目的而虚构的，但是这些情景和对话，在我为别人做心理治疗时也经常遇到。另外，某些案例是真实的，在经过当事人同意后，我以化名的方式将其呈现给读者。

我亲眼见证了这方面的知识给许多案例的当事人以及我自己带来的影响，因此，我衷心地希望，它能让更广泛的读者从中获益，而不仅仅局限于那些专业人士和正在接受心理治疗的人群。

伊尔斯·桑德

引　言

你了解自我保护机制吗？

为什么并非人人都会与他人建立充满活力、充满爱的人际关系呢？为什么会有如此多的人离群索居、独自生活，又或者我们的人际关系中总是缺乏亲密感以及对彼此的真诚关心呢？

对于上述问题可能有不同的答案。其中一种就是，我们使用自我保护机制来欺骗自己并且尽可能地远离在爱中受到的挫折。

任何从事心理治疗工作的人都非常熟悉自我保护机制。因为病人们往往会使用各种自我保护策略疏远他人，逃避正视自己的人生，或者压抑自己内心的情感、想法、认知或欲望。

多年来，这些策略被赋予不同的名称。弗洛伊德称之为"防御机制"（英文 defence mechanisms；德文 *abwerf*），认知疗法有时则运用"应对策略"这一概念来描述相同的言论。而比弗洛伊德早半个世纪提出理论的祁克果，也曾注意到这一现象。他写道，人类有一种特殊的混淆自己认知的能力。至于人类是如何做到这一点的，祁克果并未详述。如今，我们对此了解得更多了。

我们有时会利用某些策略把最显而易见的事情搞砸，或者利用它们疏远他人以及自己的内心，我将此称为"自我保护机制"。所谓"自我保护机制"通常是指一个人（有意识地，或者更多时候是无意识地）在内在与外在行为上避免与他人或自己过分地亲密接触。

自我保护可能涉及戒烟或在海上游玩时穿上救生衣等行为。然而，我在本书中所探讨的自我保护机制，是指我们疏远现实生活的行为。有时候，这种机制是有利的；有时候，它又会带来一系列的问题。

　　如果你被自己的感受所压迫时，自我保护机制能够让你远离它，那么自我保护机制就是有益的。但是，如果自我保护机制缺乏灵活性并且被允许（全部或部分地）无意识地擅自做主，那么同样的机制也可能带来问题。

　　当我们与自己的内心世界更加疏远时，我们的生活质量和生命力必然会受到影响。当我们与现实生活中的实际情况拉开距离时，我们便无法看清生活的现状，而且我们的生活也会变得困难重重、失去方向。

　　例如，一种自我保护机制可能是利用你的想象力来重新塑造外部现实，这样你在对待自己、别人或你的机遇时，会把这些看得比实际情况更好或更糟。另一个更具体的例子可能是，你无法用深呼吸来感受真实的自己。

自我保护机制曾经是解决困难局面的一种精明策略。如果你童年时期不得不需要采取许多自我保护策略，那么成年以后，你可能会发现自己依旧沉浸在自我保护之中，很难做到与自己或他人实现良好的情感交流。这样一来，你可能会错过良好的人际关系所带来的精神愉悦。

我真切地希望这本书能够激励每一位读者去审视一下自己的自我保护机制，并且认真考虑一下，如果你可以抛弃其中一种或多种自我保护机制，你的生活是否会变得更加丰富？如此一来，当你读完这本书，你或许就能更加靠近你自己、靠近你的人生和你生命中的其他人，并且从以后的生活中获得更多的乐趣。

目　录

第一章 自我保护机制

第二章 当自我保护机制变成一种自发行为

第三章 对亲密关系、悲伤情绪以及情绪失控的恐惧

第四章 错误的模式阻碍通往幸福爱情的道路

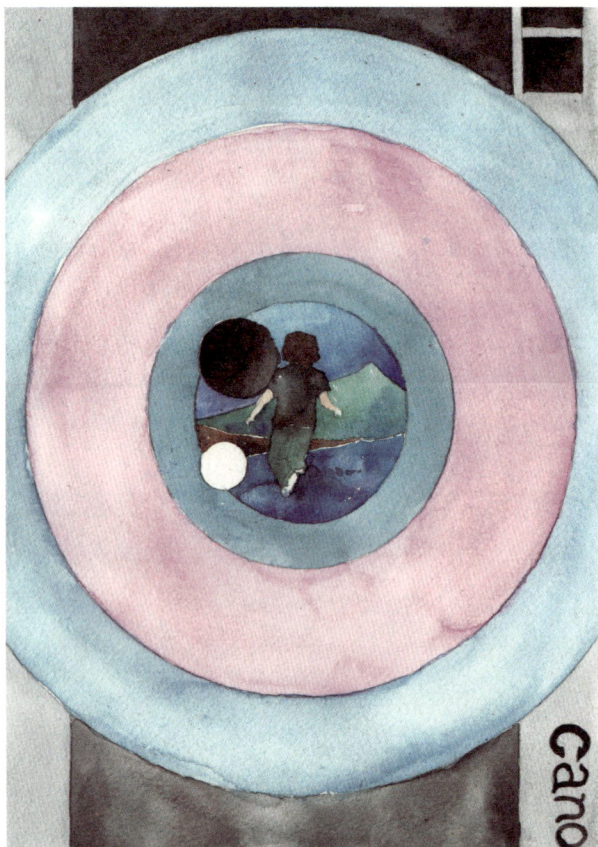

第五章 理想化的父母

第六章 彻底看透情绪

第七章 解除不适宜的自我保护机制

第八章 回归原本的自我

自我保护机制

人际关系中的自我保护是一种重要的技能，

但更重要的是你要知道什么时候可以利用它。

这样你才能自行选择什么时候疏远什么人，

以及和这个人保持多远的距离。

在这本书中，我将和大家一起探讨自我保护机制。我认为自我保护机制是我们用来疏远自己的内心世界、疏远他人以及我们现实生活的一些策略。那么，从现在起，本书所谈到的自我保护机制便是指这个概念。

下面是一个关于自我保护机制的具体案例：

一个名叫汉娜的女孩去应聘一份工作，但是面试失败了。她很沮丧，整个人都被悲伤的情绪笼罩着。此时的她很脆弱，她不想去面对这样的事实，也没有足够的勇气走出去。于是，她选择回到家中，打开电视机，蜷缩在沙发上观看惊悚片，她想要用这样的方式麻痹自己。这样一来，她就能暂时从应聘失败的现实中解脱出来。

汉娜用这种方式得到暂时的解脱是没有问题的，前提是事后她会给自己充分的时间和空间去感受和调节悲伤，进而重新勇敢地面对现实。然而，如果这是她处理不良情绪的唯一策略，如果她从来不给自己时间和空间来放松和感受自己的情绪，那么就会出现问题了。她将经常处于与自己疏离的状态下，并且还会导致情绪紧张或者缺乏内在活力。如果她没有意识到自己正在疏远自己的感受，那么，问题将变得更加严重，因为她将没有机会去改变这种行为。

大多数自我保护机制在童年时代的早期就已产生了。在那个时期，自我保护机制是一个小孩子在面对困难处境时能找到的最好的应对办法了。后来，每当我们发现自己处于类似于童年时期未解决的危机时，自我保护机制便会在不经意间自然而然地参与其中。

以下这个具体的案例可以说明这一点：

在艾瑞丝的成长过程中，她的母亲经常处于情绪低落的状态，并且总是唠叨自己所承受的苦难。对于艾瑞丝而言，母亲的倾诉让她痛苦不堪，因为一个孩子无法应对一个成年人的绝望，而且当她知道自己的监护人正处于困境时，她会感到很害怕。所以，在艾瑞丝很小的时候，她就想到了一个办法，那就是每当她的母亲向她倾诉时，艾瑞丝就会迅速转变话题，以此来分散母亲的注意力，使得母亲去想一些别的事情。

如今，成年后的艾瑞丝不明白为什么自己的孩子在遇到困难时不来向她倾诉。艾瑞丝询问过孩子们为什么会这样，孩子们通常会回答，他们原来尝试过，但是失败了，因为在他们倾诉时，自己的母亲总是在说一些不相干的事情。

如果艾瑞丝录下过她与孩子们之间的谈话，她应该能听出并感觉到，每当孩子们向她倾诉危机与痛苦时，她就会不自觉地转移话题。

当然，如果我们经常在浑然不觉的情况下使用这种自我保护机制，便会对本该亲密的人际关系造成严重的破坏。

这种谈话方式可能曾经挽救了艾瑞丝的心理健康，但如今，这已经妨碍了她与孩子们之间的亲密接触。如果艾瑞丝能够正视自己的谈话方式，那么这将在改变她的自我保护机制方面大有裨益。

自我保护
是一种生存技巧

自我保护策略通常是一种生存技巧。

举个例子：

安娜在很小的时候，曾试图引起父母的注意力，希望得到他们的关注，但父母的反应往往很消极。她的父母会嫌弃她很烦人，并且会从眼神中流露出有压力或不舒服的感觉。这对安娜来说是痛苦的，以致她在日后的生活中并没有学习和培养一种健康的"寻求关注"的技巧。

相反地，她一直非常努力地寻找其他的解决方案，毕竟小孩子会深深地依赖着自己的照顾者，并渴望与他们建立亲密的关系。安娜发现，如果她不再主动地引起父母的注意，并尽可能地把注意力投向他们，情况会变得好一点儿。所以，当她渴望受到父亲的关注时，她就会轻轻地坐到正在看报纸的父亲的身边，并对他所阅读的内容表示出很感兴趣。大多数时候，她的父亲感到很开心，而安娜也可以坐在父亲的身边，感受父亲带给她的温暖。通过这样的方式，儿童时期的安娜就可以获得内心极度渴求的亲密感。

成年以后，安娜已经掌握了较强的控制自我的能力，而她将注意力投向他人的这种策略，也的确是一种很好的方法。问题是她不再觉得自己需要别人明确的关注，但她又很想和别人在一起。因此，她通常会约一些好朋友出来，当她们坐在一块儿喝咖啡的时候，她便会主动询问："最近还好吗？"大多数人都很乐意被问到这个问题，她的朋友也是如此，在回答这个问题时，她们可以滔滔不绝地说个不停。然而，安娜不明白为什么自己却变得越来越容易愤怒和沮丧。

安娜并没有意识到，自己正在使用儿童时期学到的生存技巧。她无法再感知到自己对关注的需求，或者，一旦她意识到这一点，她就会把这种需求抛开，取而代之的是她长期使用的生存技巧。

一旦安娜意识到自己的这种处理方式后，她或许就会做出改变。当下次再和朋友一块儿坐下来聊天时，她可能就会不再一味地倾听，而是也向朋友聊一下自己的近况。而安娜的丈夫也将如释重负，因为安娜不会再将自己的愤怒和沮丧强加于他，反而会确切地告诉他自己真正需要什么，比如，她会说："如果你能放下其他事情，坐下来全心全意地陪伴我15分钟，我会很开心。"

这似乎听起来很容易，一点儿也不费力，其实并非如此。当安娜意识到自己的生存技巧，并觉察到自己是如何忽视对注意力的需求时，她会感到悲伤，她会再次想起在童年时代，那些导致她放弃自身需求的情景。当她不再使用这种生存技巧时，她会感到无助和不安，直到她发现并学会一种新的方式来与他人相处后，情况才会有所改善。

自我保护
是一时的权宜之计

下面我想用一个故事来说明自我保护是什么，以及如何才能在良好的环境下积极利用或安全解除自我保护。

早上，6岁的贾斯伯背上书包，向妈妈挥手告别，然后朝学校走去。在上学的路上，他遇到了几个年龄大一点儿的男孩子，贾斯伯礼貌地朝他们笑了笑。但是，就在贾斯伯从他们身边跑过去的时候，其中一个男孩突然伸出了一只脚。贾斯伯被绊倒了，他磨破了膝盖，还流了血。而那些年龄大的男孩却嘲笑他，戏弄他是傻瓜，然后转身离开了。

贾斯伯又委屈又无助，他的嘴唇一直在颤抖，有那么一瞬间，他想跑回家把这件事告诉自己的妈妈。不过，他太想去学校和朋友们一块儿玩耍了，最终打消了跑回家的念头。于是，贾斯伯一瘸一拐去了学校，但是他已经没那么开心了。事实上，除了膝盖上的伤让他感到很痛，那些男孩的行为也让他受到了惊吓。

贾斯伯在学校的状态很不好，他试图忘记这件事，把注意力集中在教室里正在发生的事情上。他想要远离这种恐惧，并且尽量不去在意自己的感受，但这是非常困难的。当在操场上值日的贝妮塔老师关心地询问"贾斯伯，你还好吗？"时，贾斯伯觉得自己的眼泪已经不受控制了，但为了不让自己哭出来，他迅速地走开了。他一边跑，一边对站在原地的贝妮塔老师喊道："还好。"

贾斯伯试着参加其他孩子的球赛，但是却提不起一点儿兴趣。

终于熬到了放学，贾斯伯回到了家中，但他的妈妈还没有回来。于是，他坐在电脑前开始玩游戏。过了一会儿，他的妈妈回来了，向他打招呼："嗨，贾斯伯。"就在这一刻，贾斯伯突然哭了起来。他的妈妈赶忙走过来，抱着他，母子俩依偎着坐在沙发上。他向妈妈诉说早上发生的事情，以及他膝盖上的伤口和他内心的恐惧。他的妈妈认真地听完他的倾诉后给他洗了个澡，并小心翼翼地用绷带将他受伤的膝盖包扎好。

没过多久，贾斯伯又变得开心起来，他愿意玩耍了。他再次感受到了自己的情绪，并有了想要玩耍的欲望。

当贾斯伯受到戏弄和嘲笑后仍决定去学校时，他是在刻意地疏远自己内心的感受。而在学校里，他又一整天都在压抑自己。在某种程度上，这可以说是在浪费自己的生命。从贾斯伯膝盖受伤到他放学回家后向自己母亲哭诉的这段时间里，他不仅疏远了自己的痛苦，也疏远了自己想要快乐玩耍的欲望。他变得像木偶一样，对外界的环境也只是被动地适应着。

另一方面，贾斯伯这么做是明智的，他懂得到一个安全的环境里再释放自己的感受，在这个环境里他的妈妈会理解并帮助他处理这种不愉快的经历。随便找个地方或者随便找个人来释放自己的感受，都不是明智之举。如果贾斯伯在学校的操场上就将自己的感受告诉贝妮塔老师，她或许会对这件事不以为意，只是让他振作起来。这对贾斯伯来说将是极其不愉快的，他的心情可能会变得更糟糕。

相反，从贾斯伯遇到那群大男孩到他回家后向母亲诉说的这段时间里，他一直在忍耐，并刻意地疏远自己的感受。他其实已经掌握了一种自我保护策略，这很好。更幸运的是，贾斯伯有一个善于安抚他的母亲，她会帮助他调节内心感受，并重新与自我建立联系。

通常来说，将自我保护策略作为一时的权宜之计是一个好主意，并且能够做到这一点是很不错的。通过这种方式，你可以随时调控自己的内心感受，并在面对状况时，你可以决定是否先迎合社会惯例，还是要专注于目前所面临的任务或挑战。

内在心理自我保护
与人际关系中的自我保护

自我保护有两种形式。一种是阻止自己去感受内心可怕的情绪、想法或欲望，这种叫作"内在心理自我保护"；另一种是阻止自己靠近别人，这种叫作"人际关系中的自我保护"，是指发生在你和别人之间的事。

上一节讲到的例子中，贾斯伯既使用了内在心理自我保护策略，也使用了人际间的自我保护策略。一方面，他疏远了自己的内在感受，在受到大男孩们的嘲笑和戏弄后仍然决定去学校。另一方面，他在校园里疏远了贝妮塔老师，当贝妮塔关心他时，他只是回答一句"还好"，便急忙离开了，他在这里使用的是人际关系中的自我保护。这两种策略都是好方法，而且也许他未向贝妮塔老师吐露心声是一种明智之举，毕竟他对贝妮塔不是很了解。总而言之，贾斯伯更确定他的母亲会理解他、安慰他，并且能够帮助他重新适应自己的内在感受。

下面列举的肢体语言和社交行为，是一些疏远他人的典型例子：

肢体语言：

- 避免眼神交流
- 合抱双臂与交叉双腿
- 表情冷漠
- 转身背对或转向一边

社交行为：

- 批评想要亲近你的人
- 挑起冲突
- 让别人欠你人情，或者通过赠予大量礼物或其他恩惠来制造一种不平衡人们可能会在不知情的情况下，使用一种或者多种自我保护策略。比如，你可能会在某次交谈后感到不满，却没有意识到是自己阻碍了所需要的亲密关系。

有些人需要更好地运用人际关系中的自我保护。我经常教高敏感的人，在他们不知所措或缺乏精力与他人应对时，如何更好地保护自己不受他人倾吐心事的影响。

在对待人际关系时，高敏感的人经常对自己有过高的要求。对他们来说，有可能很难明白，当我们对另一个人无力招架时，把目光移开或转到一边，甚至整个人转过身去都是可以的，比如，当眼神交流变得过于激烈时，把目光移开也是没关系的。

人际关系中的自我保护是一种重要的技能，但更重要的是你要知道什么时候可以利用它。这样你才能自行选择什么时候疏远什么人，以及和这个人保持多远的距离。内在心理自我保护策略也是如此，我将在下一节进行详细讨论。

疏离内在自我的
自我保护策略

有些时候可能不太适合自我反省，比如，当你在上班并想要集中精力工作的时候。如果你的内心充满痛苦、冲突和混乱，并且当下的时间和地点都不适合把注意力转向内在时，与你内在的自我保持一定距离也许是件好事。

保持一定距离是内在心理自我保护策略最基本的一种方式，也就是压抑。压抑使我们选择忘记当下，或者一旦我们如此选择后，会连"选择忘记当下"这个决定也一并忘掉。然后，一切都从我们的意识中消失了，我们甚至不再记得父母曾经以可怕的方式虐待过我们。

　　这也可以用一种更加生理化的方式来表现：肌肉紧绷，身体僵硬，并且避免深呼吸。当我们不想感知到自己的身体时，我们就会自觉地避免深呼吸。作为一名心理治疗师，我时常关注患者的呼吸情况，当我们谈论的话题太敏感时，我观察到他们呼吸的气息会转移到胸口上方。

　　以下是几个关于内在心理自我保护策略的例子：

　　转移注意力：比如，我们不管走到哪里都会带着手机，并且经常联着网，时不时地看一下自己的聊天信息。

　　投射：当我们遇到一些自己不擅长处理的感觉或特质时，很容易把它们看作是别人的，而不完全是我们自己的。比如，通常当一个母亲把自己完全清醒着的孩子放在床上时，是因为她自己觉得累了，并且还坚信自己的孩子也感到了疲倦。

　　自我放纵：暴饮暴食、过度娱乐、嗜睡或其他形式的放纵，会让我们变得无精打采，甚至反应迟钝。

凭感觉臆测：例如，我们刻意地避开从别人的言行举止上去判断他们是否喜欢我们，相反，我们只是凭自己的想法或幻想来揣测。

过度的正面考量：比如，当别人打扰到我们时，我们总是安慰自己他们是为了我们好。这样一来，我们就可以让自己避免愤怒或悲伤。

我们经常同时使用多种自我保护机制，它们可能会层层叠加，如以下例子所示：

每当凯伦向她的男朋友询问是否认真对待他们的感情时，她的男朋友都会把目光移开，转向别处。假如她无法调节自己对待此事的情绪反应，她可能会使用以下几种方式保护自己。

1. 她会"避免"注意到他躲躲闪闪的眼神。（*刻意地让自己视而不见*）

2. 就算她看到了，但还努力地安慰自己："或许是他碰巧在看别的地方呢，说不定这只是个意外。不管怎

么说，去年我们度假时他说过他爱我。所以，他一定是爱我的。"（**过度的正面考量**）

3.又或者她鼓起勇气去想："也许，他不是认真的。"这时，她呼吸的气息会转移到胸口上方。（**避免深呼吸**）

4.当她意识到自己的呼吸变浅了，并感觉到身体也变得僵硬了时，她刻意地深吸了一口气，觉得有必要看一下自己的手机。（**转移注意力**）

当我们和那些能够带给我们安全感的人在一起时，我们能够充分地表达自己的想法。最理想的情况是，当凯伦和一个善于倾听并愿意支持她的好朋友在一起时，她能够毫无保留地把自己的想法表达出来，并认真地感受自己的情绪反应。

最糟糕的情况是，她现有的自我保护策略太多了，以至于她没有可以坦诚倾诉的朋友。在这种情况下，凯伦可能会继续保护自己，并且很有可能会继续和自己的男朋友待在一起，从而错失勇敢地检验自己的男朋友到底有多认真的机会。

两种自我保护
之间的平衡

人际关系中的自我保护策略让你疏远他人，避免过分的亲密接触；而内在心理自我保护策略会让你疏离自己的思想、情感和欲望等等。但是，你自己的内在情绪状态以及与他人的亲密与否是息息相关的。人们会在彼此身上唤起许多种不同的感觉和反应，而内在心理自我保护策略和人际间的自我保护策略可以相辅相成、相互补充。

拥有较强内在自我保护策略的人，往往对外并不需要很多的自我保护。他们通常看起来精力充沛，能够应付大量的社交活动。

这些人通常是非常开放和健谈的，他们不会有太多的焦虑感，并且似乎能感知到自己的情绪，进而了解自己。但是，也许他们所了解和认同的"自我"在一定程度上是他们想象出来的自我。而且，他们所谈论的感觉有可能是伪感觉，也就是说，是他们自己想象的或刻意强加于自己的感觉，并不是他们实际感受到的情绪。他们有一个自己完全认同的社交面具，他们并没有真正感受到自己内心深处的情感和欲望。比如，一个经常把"我总是很快乐"挂在嘴边的人，他其实并没有感知到自己真实的感受。

反过来说，你的内在心理自我保护策略越弱，你需要的人际关系中的自我保护策略就越多。较少使用内在自我保护策略的人，往往需要强大的外部策略来疏远外在世界。人际间的社交活动很容易让他们精疲力尽，他们需要与之保持距离才能找回真正的自我。

高敏感人群的内在心理自我保护策略通常比大多数人的都要薄弱。所以，他们往往比大多数人更容易接近自己的潜意识，更能强烈地感知到内在自我。因此，有些非常敏感的人会选择在某个时期疏远他人。这要么是因为负荷过大，要么是因为外在的人际关系唤醒了他们心灵的旧伤，而这时孤立自己是避免与他人太过亲密的最安全的办法。

有时，人们不仅会面临自我保护策略薄弱的情况，还有可能会同时面临自我保护策略过多的情况。这并不是一个非此即彼的问题。对于许多人来说，在某些方面舍弃过时或肤浅的自我保护策略可能是有利的，而在另一些方面，通过建立新的策略来强化自己则可能更好。

如果我们能自行选择是否要使用某种自我保护机制，这对我们来说将很有帮助。但是，如果我们在无意识的情况下使用了它，可能会导致一些问题。并且我们会很难理解，为什么在与他人的接触的过程中发生了一些我们意想不到的事情。对此，我将在下一章中谈论这种现象是如何产生的。

第二章

当自我保护机制
变成一种自发行为

当自我保护机制变成一种自发且无意识行为时，

我们就会感到困惑，

甚至迷失生活的方向。

选择冷漠型伴侣
的原因

让我们回到贾斯伯的故事，他在去学校的途中受到了几个男孩的欺负，摔破了膝盖，之后，他运用了两种不同的自我保护机制，让自己暂时忘掉身体和心理上的痛苦。

让我们假设有另一个名叫马丁的男孩，他经历了和贾斯伯同样的遭遇，在被人欺负后回到家中，希望得到母亲的开导和安慰，但这位母亲却没能给予他恰当的帮助。或许母亲只是跟他说，这并没有什么好哭的，又或是告诉马丁，他应该在受欺负后直接反抗。但是，通过这种方式，事情并没有得到良好的解决，第二天，马丁会怀着那颗依旧忐忑不安的心回到学校。这时，他还必须尽力地克制住自己对那些欺负他的男同学的恐惧，抑制住自己内心强烈的不安。

在最好的情况下，马丁会去找另外一些成年人寻求帮助，比如在学校操场上值日的老师贝妮塔。但也有另一种可能，即马丁出于对母亲情感上的忠诚，不会找除了母亲之外的任何成年人帮忙。因为他对于自己内心的那些痛苦情绪变得越来越害怕，且他的母亲并没有很好地为他疏解这些情绪。

如果马丁下定决心要排解掉自己内心的痛苦情绪并且需要去向学校里的一位成年人寻求帮助，那么这个人一定不会是贝妮塔，因为贝妮塔表现出来的是对他的同情。然而在经历痛苦时，别人表达出的同情恰恰会击溃马丁自我保护的心理防线。

如果他人看到了我们内心那些想要逃避，希望被排解的痛苦时，那些感受就会在我们心中不断放大，而消除或忘记痛苦的过程就会变得更加困难。

如果马丁想要远离自己内心的那些不安和难过的情绪，他还必须让自己远离他人的善意，因为任何其他人对马丁表现出的关心和担忧的情绪，都有可能击溃他的自我保护。所以，如果他需要一个成年人的帮助，他会倾向于选择瑞博先生而不是贝妮塔。瑞博先生是一个冷酷的人，他不会去关心，也感受不到马丁内心的那些脆弱的情绪。

马丁的这种行为被叫作"人际关系中的自我保护"，如果这种行为总是在你的生活中频繁出现，那么渐渐地，它就会变成一种自发的无意识行为。比如说，当马丁成年后，在选择伴侣时，他就会不由自主地、无意识地去选择一些冷漠的，或者在某种程度上，情感上难以与他接近的伙伴和伴侣。

当自我保护机制变成一种自发且无意识行为时，我们就会感到困惑，甚至迷失生活的方向。我们将无法理解为什么自己总是会在生活中遇到障碍和困难，或者发现自己总是重复着那些我们不愿发生但却无法摆脱的心理反应或行为模式。

童年时期，在自我保护机制还没有变成一种自发且无意识的行为之前，我们不需要频繁地使用它。这就像是学习骑自行车，一开始的时候，我们总是会想得很多，思考一些类似于"脚怎么放在踏板上"或者"该哪个脚在前"这样的问题，另外是否能够把手正确地放在车把上来保持平衡，对于我们来说，也是一件非常艰难的事情。不过，一旦我们学会了骑自行车，之后在骑行时，就不会再去刻意地想这些问题了。同样，我们也可以在生活中保持一种随心且自然的状态，不需要刻意地去注意自己的自我保护机制，甚至哪怕它已经被我们激活了，我们也不需要太过在意。

自我保护机制的产生通常是无意识的，而且，有的时候，它和我们共同存在了很长时间，以至于我们把它当作了自己个性的一部分。

在下一节，我们将详尽阐述你是如何与自我保护机制融为一体的。

当自我保护机制成为
我们个性的一部分时

将自我保护机制与我们自己的个性区分开来可能是一件非常困难的事。

有这样的一群人，他们认为自我保护机制是属于自己性格的一部分。于是当有人指出他们的错误，并建议他们采取一些有效的方式和他人展开交流互动时，这种人便会火冒三丈。他们或许会很愤怒地说："不要试图改变我。我完全不需要别人的关心和在意，我只愿意自己照顾自己。这就是我为人处世的方式，你应该学着接受，而不是指责或试图改变我。"而如果有人对他们这种态度提出质疑时，他们就会认为对方是在对他们进行人身攻击。

　　如果你完全认同你的自我保护机制，那么第一步便是要意识到，在你的工作和生活方式中，确实存在着一些不好的因素。这些因素会使你疏远他人，会让你无法清楚地感知到自己内心的情绪，甚至让你无法明确自己真实的生活状况。

　　下一步，就是要唤起自己心中能够改变这些因素的愿望和勇气。

　　如果你意识到有的时候是自己阻碍了自己，意识到有的时候你的确毁掉了很多能够与他人建立亲密关系的机会，那么就表明你在朝着好的方向迈进了。可能这个时候你还不能清楚地认识到，究竟自己的什么行为举止，导致了你离自己所渴望的亲密关系越来越远，但只要你敞开心扉，并有兴趣想要了解真正的原因时，便是走向成功的开始。

　　为什么自我保护机制这样一种强大的力量会存在于我们的生活，尤其是爱情关系中呢？下一章我们将会进行具体的论述。

第三章

对亲密关系、悲伤情绪以及情绪失控的恐惧

通常，人们缺乏勇气的原因，

是他们在生命早期经历了巨大的痛苦，

却没有得到任何帮助。

因此，他们对失去爱这件事变得极为敏感。

学会面对
痛苦的情绪

进入一段恋爱关系，会让我们享受到陪伴的快乐，可以提高我们的生活质量，带给我们幸福。但除了这些之外，爱情也会给我们带来痛苦和悲伤。

一般来说，产生的悲伤可能有以下两种，其中一种悲伤是：我们会因为这段关系，失去其他所有的机会。当我们认定了一个对象，和他相爱，开启这段恋爱关系时，就代表我们拒绝了和其他人产生关系的可能。没有人可以拥有所有自己想要的一切，因此，当我们选择了那个他时，若发现有些特质是他身上所缺少的，我们便应该接受这一点，而不是去强求他有所改变。这是一种悲伤。

另一种悲伤发生在未来，因为爱情其实本身就是一种尚未出现的痛苦，我们终究会失去我们的爱人，即使活着的时候相互陪伴，不离不弃，但总有一天，我们之中的一个人会先离开这个世界。如果你害怕这种终将到来的悲伤，或许从一开始，就不会让任何人走进你的心房，因为得到，就是失去的开始。

如果你承受痛苦的能力比较强，那么"得到便是失去的开始"这个说法对你来说也就不那么可怕了。如果你很清楚自己可以在悲伤来临时承受住痛苦，并且能够带着对生活的热爱和对未来的期望走下去，那么你就不至于害怕到不敢开启一段恋爱关系的程度。

学会悲伤，并且能够给予自己时间去消化内心的痛苦，其实是一件很重要的事，但在现在这个时代，这一点却没有引起人们的重视。我经常听我的病人们提起，在他们服用治疗抑郁的药物之前，已经在痛苦的情绪中挣扎了很久却一直没有倒下，因为即使面对着生活的种种压力，他们也必须快速地打起精神，应对职场中的挑战。这是一件不幸的事，因为爱的能力和悲伤的能力是密不可分的。

一位叫厄休拉的女士，她曾经谈过几段恋爱，现在也正准备投入一段新的恋情，虽然她很清楚地意识到，这段新关系可能只能持续很短的时间，但面对这种风险，她并没有选择退缩，正如她所说："我以前经历过失去，我知道所谓失去，并不是一件多么危险和绝望的事情。那些日子，我哭过，也找很多人去诉说、谈心。不过后来，我也准备好了迎接新的机会，一切都只是时间的问题。"

如果你害怕悲伤，害怕失去，那么爱情关系对你来说便是一件高风险的事。

如果你在早期的生活中经历过失败，为了试图避开内心的失落和伤心，没有正确处理自己的负面情绪，那么也就是说，你总是背负着那些曾经逃避过的痛苦。如果你这么做，一想到未来可能会失去其他更多的东西，你的恐惧反而会增加。

因恐惧而
逃避痛苦

作为一名心理治疗师，我发现，有相当一部分人都背负着或多或少的未被处理的痛苦情绪。这些情绪可能来自于少年时期某段不成熟的恋爱，又或是童年时期的心理创伤，例如，在很小的时候，一些人的离世。这些人可能是爷爷、奶奶或是其他的人，他们给予了我们许多爱。而那个时候，因为年龄太小，这些人还不明白"永别"的真正含义。

在许多情况下，经历这些痛苦时，他们并没有得到过其他人的任何帮助，因为，直到几十年前，人们都还不会与儿童谈论有关生死的话题，很典型的一个现象是，大人们不会让孩子们参加葬礼，人们用这种方式，希望孩子们远离"死亡"的概念。

许多人在面对突然间一个人的逝去时，总是会选择将这件事遗忘，因为突然的失去带给我们的痛苦和困惑，是普通人难以承受的，忘记是应对这种情况最好的方法。但是，如果总是逃避痛苦，你对尚未发生的新的悲伤的恐惧，会更加强烈。我们都知道，新的痛苦会激发曾经的伤痛，并且有可能摧毁自我保护，选择忘记，我们不只会忘记痛苦，还会忘记那些我们所爱的人。

逃避痛苦这一行为常常在心理治疗的过程中显现，若能重新唤起对我们所爱的人的记忆，把我们所爱之人的资源以及我们心中与他相关的美好感受整合在一起，形成我们性格的一部分，对我们来说，或许是一种很大的解脱和释放。但是许多人终其一生都无法意识到这种悲痛，因为他们面对痛苦时，激发了一些不恰当的自我保护机制，将悲伤隐藏了起来。

无意识地选择
逃避亲密关系

避免新旧悲伤的一种方法是避免与他人的深度交往。有些人和伴侣的关系并不能被称为爱情，那只是一种我们称之为"交换关系"的关系。我们交换服务，各取所需。你倾听我诉说的焦虑和沮丧，我倾听你的痛苦。二人互相排解，互相取悦，但也只是仅此而已。

交换关系不存在任何不妥当的问题，但如果这是你唯一拥有的人际关系的类型，你将会错过许多生活中美好的东西。不过从另一方面来讲，你也不会那么容易被悲伤的情绪所侵袭。

交换关系是非常容易被取代的，如果你和一个人处于一段深度交往的亲密关系中，你为了他投入了许多情感，对于你来说，他甚至是独一无二的，那么这样的关系便很难被替代，你的快乐与悲伤在某种程度上会变得和他息息相关，你的心情甚至会被他的一言一行牵着走。

实际上，在现实生活中，许多人的婚姻都是交换关系。或许一对夫妇选择结婚，只是因为两人满足了彼此的需要，抑或仅仅是因为两个人在一起生活，要比一个人生活的开支更少一些。但他们没有能力，也无法让彼此的眼中充满光亮，让彼此内心的花园开出美丽的花朵。

如果你逃避进入一段爱情关系，你就是在保护自己免受失去的痛苦。

许多人甚至没有意识到他们内心存在着自我矛盾。他们本身坚信自己真心想要进入一段充满爱的关系，同时也非常想知道为什么在追求爱的道路上总是遇到阻碍。但是，他们却无意识地在朝着相反的方向前进，他们保护自己免受痛苦，因此便采取各种方法，让自己努力使一段关系变得对自己没那么重要，这样一来，当关系结束的那一天，也不至于因为难以承受失去的痛苦而陷入绝望。

抑或他们无法面对错失了机会后的悲痛，因此便不敢做任何决定。

这并不能证明，有些人有足够的勇气，而有些人就是懦夫。通常，人们缺乏勇气的原因，是他们在生命早期经历了巨大的痛苦，却没有得到任何帮助。因此，他们对失去爱这件事变得极为敏感。

一位接受心理治疗的人讲述过他的故事：

曾经，我只是不想被生活中条条框框的规则给限制住，我想要同时拥有爱的温暖和心理上的安全满足。现在，我意识到了我有两个选择，我可以用尽一生去追求所谓的安全，但这需要付出的代价太大了，或者我也可以开始习惯于在人生的激流中漂荡。伴随着内心强烈的恐惧和害怕，我正慢慢尝试着成为后者。

有些人通过利用自我保护机制来逃避进入恋爱关系，关于这部分内容我将在下一章中讲述。

第四章

错误的模式阻碍通往
幸福爱情的道路

固执地想要找到一个百分百恋人，

通常只是一个完美的想象，

也是一种自我保护的策略。

总是追求无法触及
的恋爱对象

俗话说得好，"一鸟在手胜过百鸟在林"。有一种逃避亲密关系的方式，就是将你的注意力和心力都始终如一地专注于你没有掌握在自己手中的那些事物上。

讲一个索菲娅的例子，她总是幻想和一些自己无法触及的人交往，那些人可能正处于另一段关系之中，他们或许非常美丽、聪明或者富有，而他们选择索菲娅的可能几乎为零。

另一个例子是伊达的故事，她总是爱上那些对她不感兴趣的人，她自己总觉得没有人愿意要她，但实际上，她很容易就能感觉出男人对她感兴趣的程度有多深。如果对方对她没什么兴趣，她内心的悸动就会激增，开始各种幻想，她会觉得内心积极的情绪在绽放，想象着自己不知有多爱那个男人。

但事实是伊达曾经在爱情中受到过伤害，自那以后便不敢去爱上任何人，也不敢去依赖任何人。而在这时，只要出现一个自己难以触及的男人，她便会安心地陷入内心的幻想。

当伊达遇到了一个深深爱着她的人时，她便会开始害怕，并采用另一种自我保护策略。我们称之为"挑刺"。她会注意到这个男人的裤子太短，这让她感觉很羞耻。或者她会在意这个男人大腿的粗细，并想："这么粗的大腿。我可不愿意把自己交给这样一个人。"也许还会有其他的细节，突然之间就会变成一个非常重要且巨大的问题。因为这些问题，伊达便抛弃了他。

伊达经常说她想拥有一个伴侣，但却没有意识到她实际上对这件事有多害怕。与一个特定的，可触及的男人开始一段关系，或许意味着有拒绝其他梦想中的白马王子的可能。而且，一个具体的人总归有他的局限和缺点，他有自己的需要，并希望为自己的存在而存在。但只要你幻想着拥有一个完美无瑕的男人，就有可能在想象之中永远地拥有现实中不可能得到的东西，例如无限的和无条件的爱。

多萝西也有类似的行为模式。她与波特结婚多年，但却从未在丈夫身上得到过她内心渴望的那种亲密关系。她开始接受治疗时，我发现她自以为的关于丈夫所有的事情其实都是错的。而后来，每一次当丈夫表现出对她的接近和亲密时，她就开始"挑刺"，在那种情况下，她变得非常敏感，很容易就竖起了她的刺，随时准备开始战斗。

事实证明，多萝西害怕在情感上依赖于她的丈夫。她通过情绪上的自我安慰和自我照顾来获得心理上的安全感。然后，她便不再害怕会失去丈夫，因此，也不再害怕当和丈夫在一起时没办法守住底线。

当有一天索菲娅、伊达和多萝西能够真切地感觉到，并且敢于承认自己内心真实的恐惧时，这便会是她们成长的开始。到那时，她们将渐渐地摒弃某些自我保护策略，不再因为这些自我保护策略而错过她们渴望追寻的幸福。

把爱情生活很大程度地置于内心独自的幻想之中，并通过各种各样的方式逃避亲密关系来保护自己免受痛苦，是我们可以进行自我保护的方法之一。下一节，我将指出当你试图保护自己时有可能遇到的一些陷阱。

希望做伴侣
的"救世主"

有这样一类人，她们总是选择去追求一种看似冷漠的伴侣，这种伴侣没有什么能给予对方的东西，他们可能对创造亲密而温暖的关系既没有任何渴望也没有任何天赋。而这些人甘之如饴地去追求这种伴侣的原因，可能是因为，她们总是幻想着这类看似冷漠的人实际上内心极度渴望爱和温暖，如果自己能给予他们足够的爱，他们便会敞开心扉。

渴望拯救别人的这种想法，给自己带来的，可能只是一种虚假的安全感，因为你相信是你将他从黑暗中拯救出来的，他便一定会对你感恩，从此你们二人便会过着快乐的日子，并且他会对你这个"救世主"产生深深的依赖，而且永远不会离开你。

但通常情况下，即使你多年来一直深爱着他，给他温暖，他也不会有任何改变。或者他确实有可能会改变，然后带着崭新的对世界的期待和自信，出去闯荡，找到另一个适合的伴侣。毕竟，一个人怎么可能忍受和一个自己亏欠了这么多的伴侣一直生活在一起呢？

在这个陷阱中，你试图得到爱与内心的安全。但是，由于这种事的频繁发生，你希望拥有一切，到头来却都是竹篮打水一场空。

等待一个
完美的人

这种情况通常发生在多年来都没有谈过恋爱的人的身上，她们认为总有一天自己会遇到一个认可自己并想要与自己结合的人。

坚持想要找到一个百分百的完美恋人，通常只是一个完美的想象，也是一种自我保护的策略。如果你的伴侣给了你 51% 的快乐，你就能够感到满足，那么在婚姻关系中，你收获快乐和满足的概率就会大大增加。此外，如果我们把自己交付给一个和自己 51% 程度上合拍的恋人，那么这个伴侣成为"对的人"的概率便会增加，反过来，我们自己也会做出改变，所有事情都会变得可能。如果伴侣双方敢于深入自己的这段爱情关系，给彼此一个机会，那么即使开始的时候，伴侣可能是一个有很多缺点，没那么完美的对象，最终都会变成那个"对的人"。

获得安全感的另一种方法是努力使自己成为那个"对的人"。更多内容将在下一节中介绍。

努力让自己变成
那个"对的人"

许多人终其一生都在努力让自己变得足够优秀。对大多数人来说，"足够好"这个概念意味着他们可以足够完美，以确保其他人不会拒绝他们，确保在每一个明天和未来都被对方深爱着。这是一个注定要从一开始就失败的想法。对于那些让自己变得更加优秀，试图做到让自己的爱情关系保持稳定的人来说，这只不过是一种幻想。这种所谓的安全是不存在的。

没有人能确保他们所爱的人在未来不会改变品位、想法或改变生活方向。因为生命是永无止境的运动。我们始终处在变化的过程中，而快乐生活的精髓便是活在当下，并且勇敢地面对未知的未来。

　　如果你始终坚持扮演"对的人"的角色，那么便很难获得当下的快乐，因为与他人充满活力、良好的交往，通常需要两个人的努力，需要双方都学会接受对方的不论好与坏的各个方面。

　　正如我们所看到的，一个人可能会无意识地采用许多不同的自我保护策略来避免悲伤和痛苦。然而不幸的是，这些类似的策略反而通常会让你离自己最渴望的东西越来越远。

　　下一章，我们将讲述一种自我保护策略，该策略通常是许多其他策略的基础。

　　许多人在内心构造了关于他们的父母和他们童年的想象图景，这些图画是根据现实而描绘出来的。如果你认为你的父母是理想而完美的，而不是生活中的普通人，那么你便会离现实的情况越来越远，这可能会使你很难操控自己的生活。

第五章

理想化的父母

没有人的童年是完美的，
同样，也不可能有完美的父母。
我们在童年时期，
都或多或少受到过一些伤害。

"关注"的两种形式

有些人对他们的童年和父母的回忆，是经过了自己内心的一些美化的。当爱丽丝第一次来接受治疗时，她确信自己童年时期的家庭关系中没有任何问题：

我无法理解为什么我的生活如此艰难。我有一个美好的童年，父母也非常爱我。我的母亲是一位家庭主妇，在家里总是有人陪伴我，这真的给了我许多安全感，因此我有一个非常安全的童年。现在和你坐在一起聊这些，我觉得有些尴尬。没有人知道我心里的苦，尤其是我的父母。

没有人的童年是完美的，同样，也不可能有完美的父母。我们在童年时期，都或多或少受到过一些伤害。

不过有些人依然认为他们的童年生活只有好的一面。

根据我的经验，当爱丽丝描述她的童年和父母的情况时，运用了多少积极正面的形容和表述，实际上和她童年时的痛苦程度是有一定的联系的。在爱丽丝后来的治疗过程中，也证明了她的童年实际上缺乏爱和真正的关注。

童年生活幸福的人不会去刻意强调自己的童年生活有多么美好。当谈论起父母时，他们会始终带着温暖和感激的态度。他们能够轻松地说出对他们来说什么是好的，什么是困难的。

我接触到的那些坚持认为自己拥有完美童年经历的患者，经常使用以下论点来表达他们父母无可争辩的卓越表现："他们一直对我非常关注。"这一论点引发了关于"关注"在父母与子女关系中的真正含义的讨论。

关注可以有两种形式。你可能会关注一个人过得好不好。例如，我会关心我的伴侣过得好不好，因为这会影响我的心情、财务状况和社会地位。所有父母都会关心他们的孩子是否过得好，觉得自己这么关心孩子的状况，自己就是好父母，会为孩子的快乐而感到开心和自豪。你可以以同样的方式对其他人产生兴趣，就好像你对一个东西感兴趣，于是便想要获得它并另作他用。

而对孩子（或伴侣）内心感受的真切关怀则是另一种形式。我们希望能够尽可能地去了解另一个人，希望探索和发现他人的独特个性，理解他们的内心，了解他们想要追求的是什么，这种模式完全不同于简单的"关心"。

在一次治疗过程中，有一位患者告诉我：

我现在长大了，但是从来没有人关注我的内心世界。没有人问过我，我的内心深处想要的究竟是什么，我所希望的究竟是什么。我的父母总是表现得好像早就知道这些一样，他们根本没有真正去了解过真正的我。于是我便试图成为他们惯有印象中的那个我。

渐渐地，她便回忆起了童年时期的孤独感，然后便开始了一系列应对这一痛苦感受的行为举措：首先，停止变成父母眼中的那个自己，然后，找到真正的自己。

关注　关怀

在治疗过程中，一位女性痛苦地意识到，作为一个母亲，自己对孩子的关注程度远远多于对孩子的关怀。正如她所说：

> 刚成为母亲时，我非常害怕自己做得不够好。当我看着自己的儿子时，我总是痴迷于在他的身上寻找蛛丝马迹，以反思自己是否做得足够优秀。如果他表现出伤心难过，我就认为这是一种信号，说明了我在有些方面做得不好，没有分担他的悲伤。但实际上，为了能让他高兴起来，我已经采取了无数个行动。对于我来说，我对他的内心和真正的需求关怀得太少了。

当我与患者谈论他们的童年时，他们常常会对于养育自己孩子的技巧产生很大的困惑，在发现自己的缺点时会觉得很伤心。这通常是一种自我保护形式，陷入对自身缺点的纠结和困惑之中，可以避免看到自己父母身上的错误。毕竟，关注自己的错误会让他们好受一些（这种方式他们从小到大都在使用）。通过这种方式，他们可以在内心中维持父母的完美形象长达很久，因为，即使他们有一天发现父母并不像他们最初认为的那样完美，对他们来说，父母的缺点，和自己身上的缺点相比，也是微不足道的。

这并不意味着对自己父母的教育模式进行反思不是一个好主意，也许，通过这种反思，他们会用一种新的认知来改善他们与自己孩子的关系。在这里我希望告诉大家，在过度陷入内疚情绪之前，我们应该首先明白，在这个世界上，没有完美的父母，没有孩子能完全避开生活中的磕磕绊绊。这其实是一件好事，困难和碰壁往往能给人提供良好的成长机会。一定程度的逆境对儿童和年轻人都有好处，有助于让他们变得成熟，从而形成自己性格的侧面，否则一个人性格的侧面很可能会一直处于休眠状态。

为孩子的付出多于为自己的给予，实际上是一种英勇的壮举，因为给别人提供一些你自身没有的东西，是一件特别困难的事。如果我们成功了，我们就会朝着积极的方向前行。如果你认为自己是父母，是长辈，便永远不会犯错的话，那么当有一天所有真相都浮出水面时，你就会发现自己走了一条失败和错误的道路。

当我质疑我的患者对他父母形象的描述时，患者往往会变得非常疯狂和烦躁。谈到这些可能会令他们感到非常不愉快。"我觉得这是一种背叛"是我在这种情景下经常听到的一句话。这是一个极其危险的情况。对父母的理想化往往是一个人自我保护策略结构中的主要部分之一。

为什么说对父母的理想化这一行为会对我们产生影响呢？因为将父母理想化会产生极大的代价，如果你无法看清自己父母真正的样子，那么你也就无法认清自己。

理想化的父母形象可能会以两种方式影响你自己的形象。我会在以下两节中介绍更多相关内容。

对父母的理想化
和对自我的理想化

我们对父母的理想化的行为，可能与我们的一种愿景有关：我们希望让自己变得和他们一样的完美。具有这种自我认知的人可能会更倾向于认为，他在生活中遇到的困难都是由于其他的人或外部环境造成的。也许，他认为是别人嫉妒他。也许，他还会认为，是他在选择合作伙伴时不够幸运，抑或他有一个糟糕的老板，看不到他的真实能力。

他甚至会觉得，只要他的妻子没有过多的抱怨，雇主没有那么不近人情，自己生活的外部环境也没什么不妥，他就能够很满足，很开心地过日子了。

他最重要的自我保护策略是投射。不承认自己有问题的方面，而是看到了其他人身上所有不好的一切。

在心理治疗的过程中，我很少遇到这种患者，他们对父母和他们自己的看法有着错误的认识，但他们自己却觉得自己根本不需要治疗。然而，我经常看到有一些与他们亲近的人——妻子、丈夫或孩子，总是因为这些人过低的自尊而经历着痛苦和困难。通常，在不了解自己的情况下，他们这种自我理想化的人的身上会带有许多不好的方面，而这些不好的方面，对于他们这种自以为很完美的人来说，是没有办法也不敢去感受并承认其存在的。

父母的理想化
和自我贬低

对父母的理想化通常和自我贬低有一定的联系。如果你认为自己的父母没有任何问题和错误，那么我们自身为什么会产生问题，为什么会犯错呢？答案大概是"因为我们不够优秀"。在这种情况中，你是错误地认为了自己的父母要比实际上的他们更加优秀，而对于自己却采用了一种过分的贬低。

有这样一些人，他们对自己缺乏足够的尊重，总是会在心里产生一些认为自己非常糟糕的想法，这些人花费了大量精力，利用这种方式，来维持父母在自己心中的完美形象。对此，我们可以这样理解，"我不够优秀"这样的想法保护了对父母的理想化，反过来，也使得人们避免产生自己没有足够被爱，甚至不曾被人爱过的糟糕感受。

然而，作为成年人，对于自己不被别人爱着的事实，我们中的大多数人，其实是能够接受的。当我们敢于去体会自己内心的这种情绪，将它视为我们内心体验的一部分时，我们就会摒弃掉许多"自我保护"的骗局，而这些骗局恰恰是让我们渐渐远离现实生活和真实自我的东西。

还有一些人会在两种心态之间纠结。在有些时候，他们会认为自己棒极了，而有的时候，他们又会自我贬低，觉得自己很没用。

这两种心理陷阱与你真实的经历息息相关，在真实的经历中，你能够用两种方法复刻童年的模式。第一种方法是如下的行为方式：你受到父母的影响，利用他们对待你的方式去对待其他人。比如，如果在你小的时候，你的父母总是批评你，那么当你长大成人后，你就会习惯性地用同样的方式去批评别人。

第二种方法是，你会以更被动的形式重复童年时期的模式。在这种情况下，当他人对你进行批评时，你会发现，你不会产生任何强烈的反抗，便很容易接受了他人的批评。这是因为你从小就已经习惯了站在被批评的这个角色上。

如果你不论用主动或被动的方法复刻了父母的行为模式，那么只要你无法意识到现实，感受不到当下发生在自己身上的事，你就很容易接受这些模式，并且忽略父母的行为所出现的问题和错误的地方。

我将在下一节中更详细地讨论，将父母理想化为何曾经是比较好的解决困难局面的方法。

当我们改变了现实

许多和父母一起长大且在自身的情绪层面上缺乏一些情感基础的孩子，会尽自己所能地去避免审视和判断自己父母所犯的错误。

产生这种情况的原因有两种，一种是年纪小的孩子将自己视作父母的一部分，因为这种原因，他们必然会觉得父母是优秀且完美的。

另一种原因是，父母是两个需要对孩子的福利和生存负责的成年人，如果他们有可能缺乏成为优秀父母的能力，这种可能性对于小孩子来说是很可怕的，若是产生这种想法，孩子们会失去内心的安全感，于是当孩子出现这种想法后，为了自身的安全和情绪上的舒适感，就会很快地将它压抑下去。相反，他们会在内心创造出一个强大的、有能力、有爱心的父母形象——尽管事实并非如此。与此同时，若是父母表现出和孩子心中理想的父母形象不相符的地方，孩子们也会对这种迹象视而不见，好像从来没有看到过一样。

对于小孩子来说，这种自我保护的策略对他们是有利的，因为他们还太过脆弱，难以应对这种可怕的现实。儿童可以在心理层面弥补这些现实的不足，在他们的想象中创造另一个现实，在这些幻想的现实中，他们可以找到自身需要的安全保障。

作为一个成年人，如果你总是坚持相信你自己的想法，而不去相信生活中的现实时，那么问题就出现了。假设你有着一对自己想象中完美的父母，然后选择让自己"失明"，当对自己不那么有利的方面出现时，你总是选择对其视而不见，那么你便可能会在与自己的孩子或伴侣的交往过程中做出同样的事情。你将会失去抵御力，且孤身一人。

　　有这样一位女人，她在自己的前半生之中，总是选择相信自己的幻想，而不愿意去面对现实，在她结束长期心理治疗的那一刻，她惊呼道：

　　现在，想到过去的那些事，我真的很震惊，我发现我的确与一个男人保持着一段长久的关系，但却从未真正地去了解过他是否真的喜欢我。我只是自己告诉自己："当然，他一定很爱我。"但是现在当我可以面对真正的现实时，我却发现，事实并不是那样的。

　　这个例子很真实地说明了，如果你总是利用个人的思考或者想象，而不是用你在实际生活中感受到的东西来指引你的人生，那将是一件非常糟糕的事情。

　　在下一节中，我将举出一个真实的案例，用来说明自我保护策略是如何产生的，以及它如何对你的爱情生活造成严重破坏。

被遗忘的决定

你可能在生命的早期做出过许多决定，而今天却已经忘记。

一名中年男子这样说过：

当我很小的时候，曾经下定决心，认为我会照顾好自己，不会再依赖其他任何人。当我做出这个决定的时候，是我当时唯一能看到的选择。

用不了多长时间，这种决定就会变成一种无意识间就会出现的思想，显现在他的性格之中，与这个决定相冲突的部分也会渐渐被抹去，于是不久之后，他便会忘记自己曾经对爱的渴求，忘记想要与他人产生亲密联系的愿望。

大多数自我保护策略出现在童年的早期。这些自我保护策略对于小孩来说，是他们在面对困境时可以找到的最佳解决方案。后来，自我保护策略变成一种无意识行为，每当我们进入类似于童年未解决的危机情境时，它们就会自动参与其中。

有这样一个案例：

玛丽亚不知道为什么当她的男友以一种关爱的方式接近她时，她有时却会对他很凶。答案只有在自我保护策略出现的情况下，才得以明了，这时，必须以一种新的方式对这种情况进行重新审视、处理，以及重新描述。

玛丽亚原本有一个类似这样的叙述："内心深处，我觉得自己不值得被爱；但是，如果我与其他人保持距离，他们就不会发现这一点。"

她自己并没有意识到她曾经有决定过要和他人保持距离。但当她开始将注意力转向她今天所采用的策略时，这个自己曾经在内心做出的决定便很快地出现了。

当玛丽亚重新审视当初形成自己叙述的那个情况之后，她便很快产生了一个更加实际的想法。玛丽亚的新叙述是如下这样的：

我曾经是一个渴望他人帮助的孩子，而我的父母却缺乏帮助我的必要的技能。这个问题不止我一个孩子遇到过。我只是一个非常普通的小孩，在生活中会遇到许多难题，也努力尝试过去解决这些无论多么聪明的孩子都无法自行解决的问题。

现在我长大了，不再会去过分依赖别人，以至于离开别人就无法生存。生活对我来说不再处处充满危险了，现在我可以尝试去与他人亲近，也愿意给自己一个机会去做这样的事，以便看看我能不能更加放松自在一些。

玛利亚这一新的叙述给予了她更多的自尊，也让她更有勇气做出新的决定：从现在开始，她会努力练习着接受其他人慢慢走进她的世界。

下面将再举一个例子，用来说明如果成年后一个人不去审视他的自我保护机制，那么后果将会不堪设想。

当我们贬低自己时

　　一个不确定自己是否被爱的孩子会倾向于和父母站在同一方，质疑和责怪自己。当这样的孩子受到责骂后，你会发现，他们总是一个人走来走去，并用父母责骂他们的时候所用的相同的言语来责骂自己。孩子之所以这样做，是因为他们认同自己的妈妈和爸爸，但却没有从父母那里得到足够的爱，只有这样做，他们才会有与父母在一起的感觉。

　　当你责骂自己时，你是非常孤独的。但是，对于一个小孩子来说，比起失去与父母不可或缺的联系和这份重要的亲情，他们宁愿放弃自己，并认为这才是一个更好的选择。

但问题是，当我们长大成人后，如果我们生命中那些对我们极其重要的人指出了他们对我们的愤怒和不满时，我们也会立刻选择站在他们那边，开始反思和责怪自己。然后，我们将变得手足无措，非常孤独。而这时，谁又会愿意和我们站在一起呢？

对于我们自己来说，我们也不一定能意识到自己的这种行为，或许也不会觉得自己这么容易就会和别人站在同一阵营来责怪自己。当一个对我们来说极其重要的人表达了对我们的不满时，我们能感觉到的，可能只是心碎和悲伤。

令我惊讶的是，我发现在心理治疗的过程中，我遇到了太多这样的人，他们责骂自己，或者说自己的坏话，贬低自己，而自己却丝毫没有意识到这一点。有一个问题是我屡次向他们提出的："那个时候你对自己说了什么？"患者的回答有时候是一种很贬低或者很不好的评语，这连他们自己都感到吃惊。

当然，一个人会反省自己的错误和问题，是一件好事，有时，当别人对我们的言行有所不满时，能够承认别人说得没错，也是一种能力。但如果自我批评和自我谴责变成一种不分青红皂白，且自发的行为，而你也没有能力去控制它，它就会很大程度上影响你的心情，这便是一个错误的状态了。

站在其他人的那一阵营，并和他们一起责备自己，是一种叫作"认同攻击者"的自我保护策略。和刻画完美父母的方式相同，这种保护机制可以让人避免孤独，避免出现觉得自己不被别人关爱的感受。但是，作为一个成年人，这种保护机制会在你的感情生活中滋生出许多问题。

下面这个案例的主人公叫贾里德，他的问题在于，他总是一次又一次地和那些并不欣赏他的女人开始一段恋爱关系。例如，他的前女友，总是让他去做各种各样琐碎的差事，好像这一切都是理所应当的。在他为她做这些事时，她甚至会很没有礼貌地跟他说话，也从来没有细心地递给他一杯咖啡。他很羡慕身边的朋友，他们的交往对象总是能够给他们足够的爱，两人一起出门时会精心打扮，在家时也会为他们细心地准备餐食。贾里德经历了一段又一段失败的感情，最后他终于决定面对他童年时期的那段创伤。贾里德说：

我记得我小时候被人殴打，但又感觉不是这样。我只是模糊地记得我曾经尝试着强迫自己变成一个无情的人。

当我开始在心理治疗的过程中谈论这件事时，我的记忆渐渐变得越来越清晰，在几周的时间内，我的感受也开始慢慢地越来越接近当时的真实感受。我回忆起了一个孩子被他所爱和信赖的人殴打是一种什么样感觉。

这就像是陷入了一场噩梦，在这场梦中，太阳即将从天空中消失，失去所有的光辉，月亮以极快的速度撞向地球，天崩地裂，只有无边的黑暗，这毫不夸张。在噩梦中，我发现我的一部分是和我的父亲站在一起的，我自己也有和父亲一样的想法，认为被如此粗暴地对待，是我活该。当我放弃这种联系（认同攻击者）时，便接受了那个当时还是个孩子的自己。另外，当时的我太渴望能够生存下去了，甚至不惜用了错误的方式，只为了维持与父亲之间必要的所谓亲情的联结。

之后，我会对自己讲一些大人在那个时候可能会对我讲的话，即错不在我，在我身上发生的事是不对的，而那是成年人们的责任，不是我的责任。

我向自己保证，我以后再也不会如此可怜，被别人如此折磨。

在一段时间里，如果有人用不友好的口气对我说话时，我就会站起来为自己辩护。现在我已经找到了一些平衡点，对于一个人来说，当他度过了糟糕的一天时，他是没有精力再去时刻对别人保持友好和善良的态度的，现在我已经可以理解这一点了，因为他们对我不友好的态度，其实并不是冲着我来的。但是我在尊重自己这方面做得更好了，而且我也将不再投入到那种让我觉得自己不受对方重视的感情之中了。

经历过"被殴打"的人可能也会在贾里德的案例中

看到自己的影子。当你还是个孩子时，被你所爱的人殴打这件事会很大程度上破坏你对自我价值的认知。如果你只是为了保护好父母在自己内心的完美形象而选择去"忘记"这个令你痛苦的事情，那么你就不会向别人寻求必要的帮助，或许会任由自己一辈子都被别人这样欺负，不去保护自己。而且，在没有适当保护自己的情况下，让你自己被殴打、被欺负，是因为在你内心的某个地方，你所隐藏的生活经验，无意识中产生了这样一种信念：你不值得得到这世上美好的一切。

如果，在你的童年时代，你只是被他人当作一种"东西"来看待，没有人愿意倾听你的内心，也没有人有兴趣和你产生联系，和你亲近，那么你很有可能直到现在也会轻易地允许这种事发生。在这种情况下，你是以一种消极的方式重复着童年时期的模式，在这种模式中，你在成年后的生活中扮演着和儿童时期同样的角色。

反之亦然。也就是说，你会用父母对待你的方式去对待他人。这是复制童年模式的主动的"积极"形式。通过这种方法，你自己曾经遭受的痛苦就会被转移到其他人身上。比如，你可能会把你的伴侣当作是你的工具，而不是那个你想要与之建立感情的人。比如，他或她可以成为你避免童年时的伤痛的一种手段。你对自己伴侣的期待，或从整体而言想从这段关系中获得的东西，可能是不成比例的。我将在下一节中详细地讨论这个问题。

期望伴侣弥补
童年时期缺乏的关爱

如果你还没有让自己从伤痛中释怀，或者还没有放下那些童年时从妈妈和爸爸那里没能得到的东西，你通常会坚持想从你的伴侣那里得到它。也许，你自己并没有意识到这种机制，而伴侣无法做到这一点时，你会对你的伴侣感到非常失望。

你越是难以意识到这个机制，恐怕就会越来越挑剔伴侣的毛病，甚至会忘记他们也是一个独立的人，也有权利按照自己的想法去生活。

简而言之，这个机制就是你坚持想要拥有一个比自己真实的童年更好的童年，你的伴侣必须弥补你缺少的那些东西，你通过这种方式，确保自己不会再感到空虚。如果你的伴侣没有成功做到这一点，那么你就会像一个总是哭闹的婴儿，你的伴侣则会像一个垃圾桶一样，需要被动地接收你所有的愤怒和不满的情绪。

汉娜是这样说的：

当我开始接受心理治疗时，我经历过许多段恋情，但持续时间都没有超过一年。我很擅长在感情中主动出击，搞定男人。在我的恋爱关系中，热恋期的阶段通常不会出现什么问题，但进入平淡期后，我就总觉得内心十分空虚，无法忍受这种感觉。比如说，如果我的男友要去和别人做一些事，剩下我一个人，我就觉得自己被冷落了，之后便会感到愤怒，又哭又闹。我几乎很难控制自己。我会去想："你都有男朋友了，怎么会觉得如此糟糕呢？"我真的是个刻薄的女人，总是希望伴侣的内心对我有负罪感。我会在一个晚上给他打十通电话，让他整晚都睡不了觉，我会向他肆意发泄我的沮丧和愤怒的情绪，不曾站在他的角度上来考虑。

现在回想起之前我的那些行为，我觉得，我的那些前男友愿意和我在一起那么长时间，真的是件不可思议的事。

当汉娜抛开了将父母理想化的心态，也不再去过分要求自己的伴侣后，她突然感觉到了极大的悲伤，这悲伤既来自于现在没有爱的人生，也来自于曾经极度缺乏情绪关怀的童年时光。

但比起她自小经历的痛苦，这种悲伤并没有那么沉重。在这种悲伤之下，她能深刻地感觉到自己还活着，而这种感受自己已经很久没有体会到了。同时在感情关系中，她也觉得自己可以更真实地处于与伴侣的感情生活中。她会发现，从眼泪到欢笑的距离也可以如此之近，也可以感到，在与身边的人谈论和分享自己情绪的时候，自己也能如此的自在而有活力。

在我们传统的认知里，悲伤是一种充满着沉重、黑暗且挥之不去的长久感受，但实际上，悲伤有时却是一种伴随着泪水的温暖。

从更加实际的
角度看待父母

重新审视或看待你和父母之间的关系，或者回看你自己的童年，是很多人都抗拒去做的事，如果曾经的生活充满了悲伤和痛苦，不那么完美，那么回看自己的过去，会让自己觉得很不舒服。

然而，如果你能够克服自己内心的抗拒，反而会收获好处，因为越是能够站在实际和中立的角度上看待我们的父母和自己，我们就越是能够与自己和谐相处，在寻找适合自己的道路上，我们就越有可能遇到能赋予我们生命更加丰满和有意义的东西。

我们对其他人使用的自我保护策略，是和我们年幼时与自己最亲密的人的交往息息相关的。如果小的时候我们的父母和我们交流得很少，也很少教我们与人维持健康关系的技巧，那么我们成年之后，使用的自我保护策略就会越多。

另一方面，当我们放弃自我保护策略时，对于我们来说将会是一种解放的体验，并为生活带来新的希望和憧憬。下面的例子中的贾里德就是这样，在他开始着手解决和父亲之间的矛盾与问题时，他已经有五十多岁了。贾里德讲述了在长期心理治疗结束时取得的突破：

即使我的父亲十分严厉，对我们这些孩子惩罚得也特别重，我也一直相信，在内心深处，他是爱我的。我记得我的治疗师质疑过我这个想法，现在她坐在那里，看着我，露出悲伤而严肃的表情，同时我又提出了一个又一个论证，来证明我的想法是正确的。

有一次，她对我说："你看起来很焦躁。我想知道是因为什么呢？"我当时觉得脑子里一片空白。然后，我的身体开始颤抖，眼泪流了出来。好像我的身体在我的脑袋之前就明白了。之后，我感到一阵自由。那种感觉就好像，在那一刻，我终于找到了自己丢失的那一部分。

虽然我们总是逃避现实，因为现实的真相可能会让我们产生恐惧或只是觉得不舒服，但如果勇敢地去面对它，我们就会获得真正的解脱。

对父母的理想化
会在亲密关系中滋生问题

我们的父母尽可能地教会我们如何去爱，如何和他人相处。如果我们没有有意识地去思考该用什么样的方式和他人相处，我们便很可能会像父母一样行事，并以他们与我们交谈的方式对自己说话。

那么，在爱情中，我们也可能会找到一个对待爱情和与他人关系的态度与自己大致相同的伴侣。无论如何，这样会让我们感觉熟悉和安全，也更容易应付。

或许会有这样一种人，他们在感情层面上能够给予我们的，比父母给予我们的更多，避免和这类人产生联系，也可以说是一种自我保护策略，因为如果我们找到一个能比我们的父母做得更多的伴侣，我们就必须去学习新的东西了。而那时，我们也必须以一种新的眼光去看待我们的父母，亦即：他们没有能给予我爱的能力。那时，我们便会发现，他们其实从未教导过我们任何关于爱情和情感关系等这些重要的事情。

将那些教育技巧不足的父母在脑海中进行美化、理想化，可以给年幼的孩子带来内心的安全感，这对于他们的心理健康来讲是十分重要的。然而，若是一位成年人也采用同样的方式将父母理想化，那么会给他的爱情生活带来许多问题。

努力去明确并清楚地认识我们的父母究竟是什么样的人，是我们一生的课题。就像我们对自己的理解和认识一样，是我们终其一生要去做的事。

关于"理解"这件事，是分阶段和层面进行的。有时我们会觉得自己已经掌握了全部的真理，然而有一天，我们突然看到了生活的更深处，那时，我们会发现，开始时我们所确信的一切，只不过是冰山一角罢了。

理解得更深刻，就会获得更大的自由（解脱）。所以，即使我们已经解决了许多艰难的问题，突破了许多困境，我们也有必要对它们进行重新审视，这对于我们的生活以及和父母的关系来说，是很重要的一部分。

如果我们希望提高自己和他人交往的技巧，第一步就是去检查我们现在使用的自我保护策略都有什么。

这并不是说需要你去回头审视自己童年时期和与你亲近的照顾者之间的关系。在某些情况下，你可以努力去改变现在的一些习惯，并以此为基础，去改变一些自己无论在思想层面还是行动层面的不好的模式。

但是，如果这种面向当下的方法不起作用，那么可以选择深入这些模式的根源。这可能是一条艰难的、充满血泪的道路，但是，根据我的经验，如果你仔细挖掘这些出现了自我保护策略的情况的根本原因，你就很有可能会在行为和情绪方面，实现根本性的变化。

在下一章中，我们会讲讲，当没有了自我保护机

制对我们认识自己的道路产生妨碍时，是一种什么样的
感受。

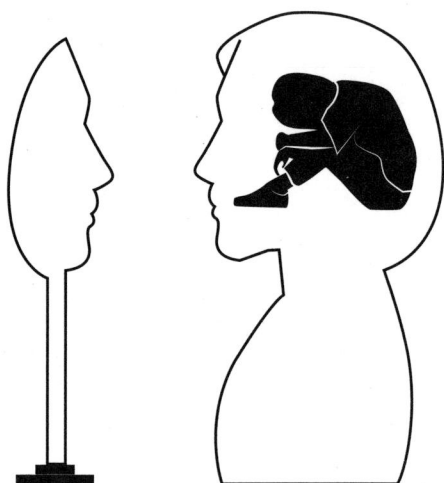

第六章

彻底看透情绪

人们最难意识到的，

通常是冲动，

是自己内心深处的欲望。

能够精准地了解到自己的感受，会在你的人生道路上有很大的帮助，尤其是在人际关系中。但是彻底看透自己的当下的感受，究竟意味着什么呢？

你可以通过以下三种方式彻底理解自己的情绪：

· 运用大脑的分析
· 身体发出的信号
· 它如同一种冲动（渴望）

举个例子，当我们感觉焦虑时，这三种方式会是如下形式：

· 身体发出的信号：例如，我们感觉到自己在颤抖
· 冲动：可能是一种想要大叫出来的欲望
· 大脑的分析：我们知道自己在害怕

生气时，这三种方式会是如下形式：

· 身体发出的信号：我们感到身体发热，可能还伴

随着颤抖

- ·冲动：可能会有使用暴力的想法
- ·大脑的分析：我们知道自己非常生气

开心时，这三种方式会是如下形式：

- ·身体发出的信号：内心有种心花怒放的感觉
- ·冲动：可能是想要放声歌唱的欲望
- ·大脑的分析：我们知道自己非常快乐

但是，如果我们无法通过以上三种方式感受到自己的情绪，那么也不一定是因为激发了自我保护机制。可能还有其他原因，比如，你还不了解那究竟是一种什么样情绪。

情绪之间
的互相掩盖

出于自我保护，你可能会压抑住某一种特定的经验模式。有一些人并不注重自己的身体，却非常注重自己颈部以上的部分；有一些人，他们难以理解自己的感受；还有一些人，无法意识到自己的欲望。在心理治疗的过程中，我发现，人们最难意识到的，通常是冲动，是自己内心深处的欲望。

这种冲动和欲望通常是伴随着羞耻感而生的，比方说，你想坐在领导的大腿上以博取他的关注；想去色诱那些比自己小三十岁，或者已经有交往对象的人，这种时候你可能会感到很尴尬或者丢脸。

人们通常会试图压制或否认这种欲望。

有些人会害怕，如果他们任由自己释放内心所有的欲望，事情将会变得一发不可收拾。但是去感受你的欲望，并且为这些欲望保留一些空间，以便让自己去进行适当的遐想，并不是一件危险的事。你越能很好地处理自己的欲望和需求，失去控制的概率就越低，越不会做出一些你认为错误或者令你尴尬丢脸的事情。

当然，愤怒的欲望可能会令人感到很恐惧，特别是如果你的愤怒很强烈时，你的恐惧也会越强烈。如果你产生了因为某个人想要摧毁某些东西的欲望，或者伤害他人的欲望，你可能会产生一些强烈的内疚感。然而，你没有这样做的理由，因为你无法掌控自己的欲望。你无法断定它是否会随着自己的控制而消失。最多，你可以压制住它，但恰恰相反，这并不会降低它的危险性。你无法为了那些你没有办法影响和改变的事情而感到内疚。在我的另一本书《高敏感是种天赋》中，更深入地探讨了影响力是如何成为内疚的先决条件的。

就内心的感受而言，你最好让它们保持现状，并运用上文提到的三种体验模式，让你的感受进入你的整体意识之中。之后，你就会发现，它们本身并不危险。是否顺从自己内心的欲望行事，是由我们自己决定的，如果我们认为良心会受到谴责，或者我们觉得这件事太令人尴尬了，我们便大可选择不去这样做。

在这些冲动中我们可以找到有用的信息。如果你产生了想要殴打另一个人的冲动，通常是因为你觉得自己被他"激怒"了。你大可以利用这些事件的深层意义，反过来更加深入地了解自己的内心。

如果你能够在以上三种模式中感受到你的情绪，那么你就拥有了可以彻底意识到自己情绪的能力，并且更加接近你的内心现实。但是也有这样一种可能：你感觉到的情绪只是次要的方面，它或许掩盖了另一种感受，而那种被掩盖的感受，实际上才能够更好地反映你现在的内心世界。如果你努力去挖掘这种深层的情绪，那么你就能更加接近真实的自己。

举一个例子，比如"愤怒"这种情绪，它所掩盖的是"恐惧"。

一位父亲责骂他十几岁的女儿，因为她回家的时间比他们约定好的时间晚了，对于这位父亲来说，内心的害怕和担心很可能是多于气愤的，虽然他当下表现出来的是愤怒。不过如果他能够意识到，在等待女儿回家的那段时间，自己是多么的担心和害怕，躺在床上迟迟不能入睡，只为了等女儿回来，那么他便会更加清楚地了解自己的内心。如果他勇敢地告诉女儿自己的担忧，而不是用愤怒的方式去责怪她，那么他们父女之间的感情会更加贴近。

大部分的人都能够发现，用愤怒的情绪来表达内心的恐惧和不确定，比表现出害怕和慌乱，是一件更容易的事。更多内容将在下一节中介绍。

在最表层的内心层面上
寻找真实的感受

　　为了掩盖其他的感受，"愤怒"会作为最明显的表象所显现。这一点在男性身上尤为常见。若一个男人觉得内心沮丧，即使他们的主要的感觉是悲伤或无能为力，他们所表现出的也会是愤怒。愤怒是一种强烈而有力的情感，在愤怒时，我们会想要拼搏战斗。 但问题是如果在人生的道路上，我们要是用愤怒的情绪去努力追求那些想要的事物，是不实际的事情。在我们毫不知情的情况下，愤怒的情绪可能会疏远我们与他人的距离，而那些人对我们的关心和问候实际上是我们内心迫切需要的。如果一个男人能够勇敢地面对并且表达出自己内心那些无能为力或悲伤的情绪，他便能够比那些用愤怒来掩盖悲伤的男人，获得他人更多的关心，也能够更好地感受自己，理解自己。

焦虑也可能是一种表层的情绪，它掩盖的是遭到禁止的快乐，强烈而有力的愤怒，或者只是你与自我形象之间的冲突。焦虑也可以以类似悲伤的方式表达出来，因为焦虑时常伴随着眼泪。

即使你已经能够完全意识到某种感觉的存在，你有时也会询问自己："这种感觉是否会掩盖对你来说更为重要的东西"，并以这种方式来更接近你真实的内在自我。你可以在我的书《情绪指南针：如何更好地思考自己的感受》中了解更多关于"如何更准确地感知和了解自身感受"的内容。

在下一节中，我们将讲述一个示例，用以说明情绪是如何层层相叠地存在，并且由于回归的自我保护机制而互相交叠，难以区分的。

自我保护机制的回归

当焦虑或恐惧的感受变得足够强大时，我们有时会诉诸回归。回归意味着我们可以依赖于作为早期发展阶段主要策略的策略类型。在回归时，你会感到弱小而无助，像一个饥肠辘辘的、愤怒地哭叫着的婴儿一样。当你不堪重负并放弃那些成年人的情绪控制策略时，就会发生回归。这是一条能够让你逃避真相和现实的道路。我们逃避了这样一个事实：我们的成长总是伴随着责任和选择的，我们暂时忘记了我们所知道的一切。回归会伴随着一些肢体语言，例如，可能是你从椅子上滑下来（变得较低）、眼中充满泪水（寻求帮助），或者大中午的时候就去床上睡觉。

对于情绪是如何层叠地存在于心理之中的这一问

题，我们举一个伊利斯的例子。她在接受心理治疗时，经常会哭得很厉害，但她的眼泪并不是很多。她的情绪似乎没有得到任何释放。每次这种事情发生时，我反而会感觉与她很有距离感。你可能会以为她已经接近了真正的悲伤，但她的哭泣其实是一种自我保护策略的回归。在回归之下，有愤怒，在愤怒之下，有一种完全不同程度的深深的悲伤。

后来，她是这么说的：

当我诉诸回归时，有时候会一连哭上好几天。我感觉自己陷入了深深的绝望和无助。与此同时，我发现那些本该陪伴我的人却没有在我的身边，这件事会让我极其愤怒。当我平静下来时，我采取了不同的策略，并开始采取行动，虽然事后自己去看自己当时的反应时，真的非常难为情，但在采取行动的当下，我确实能够感到自己舒服了许多。

当像伊利斯这样的人采取回归的策略时，他们面对生活和世界的行为方式就会发生很大的变化。你的成年的"自我"完全或部分地放弃成为主宰。在某种程度上，一切都变得更简单，更容易，更加黑白分明，也少了更多的差别。当你回归时，经常会从你身边最亲近的人身上开始处理既有的难题。

回归可能会持续一段时间，或持续你的整个一生。走出回归的方法，是提醒自己，童年已经结束了，生活不再那么危险和可怕了。对于一个成年人来说，他甚至可以在荒岛上生存数十年。因此这个时候，被他人嘲笑或排挤并不是一件会让人恐慌的事。作为一个成年人，你可以采取新的决断，拥有不同的选择。如果你想不到任何适当的出路或问题的解决方案，你也可以去寻求相关的专业帮助。

第七章

解除不适宜的
自我保护机制

有些人并不能感觉到自己对爱的渴望，

他们满足于微薄且贫瘠的情感生活。

他们已经失去了信念，

一种相信爱依然存在的信念。

一旦一种自我保护被揭露出来，显现在人们面前，它通常会自动停止工作。它神秘的力量恰恰在于它是无意识的。如果你突然意识到你正在利用自我保护策略欺骗着自己，那么这个策略就会在那一刻失去它的作用。

接下来的一段时间，人们会感到痛苦，有时也能更加强烈地感觉到欢乐。这可能与困惑和不适有关，他们可能会觉得自己仿佛在树林中迷了路。许多人觉得他们好像已经徘徊着走进了森林，但实际上他们可能在走入森林之前，就已经迷失了方向。

接受专业咨询，
正视自己的自我保护机制

当你阅读本书时，你可能会意识到自身的自我保护策略，并发现自己越来越能够接近自己的痛苦感受。然而，有时候，自我保护策略的所有者可能是最后一个看到它的人。所以，通常在我们有能力意识到我们对自己做了什么之前，需要一些外界力量的帮助。

在治疗过程中，你借用了治疗师的专注力。所以，一共有两个人在审视着你生活中的自我保护策略。此外，我经常鼓励接受治疗的患者用录音笔或手机录下我们治疗中的对话。这是我们如今能够从外界认识自己的绝佳机会，而且通过这种方式，我们能够评估自己当前所做的事情的好坏。

这是一种能够提高你的注意力的方法，你也可以在治疗之外的其他情况下使用。如果你总是和一个人产生冲突，用视频录制下和他发生冲突时的情况，并和这个人一起在事后观看并研究这段视频，那么很有可能能够打开两个人的心结。

在心理治疗中，我们的关注点通常在于：你如何处理自己和你的内心生活。一些思想学派尤其关注自我保护策略。但即使在一些心理治疗过程之中，不去关注这些自我保护策略，你也会发现，当你变得更加安全并且更加了解自己时，这些自我保护策略会自然而然地失去了效力。

让我们回忆在本书第二章提到的马丁这个男孩的故事，当时他的母亲无法很好地处理他遇到的困难，而马丁现在已经长大成了一个成年人。他现在去医院寻求心理治疗，因为他的妻子抱怨自己很难接近他。

如果治疗师采用一种专注于自我保护策略的治疗方式，他将专注于了解马丁使用何种形式的自我保护。

他将告诉马丁他此刻所看到的一切，马丁便会逐渐意识到他所使用的这些策略，于是这些策略将会失去原有的效力。

下面的这段对话来自一段心理诊疗，其中，治疗师使用了被称为"强化短期动态心理治疗"（intensive short-term dynamic psychotherapy）的治疗方法，这是一种专注于自我保护策略的治疗形式。

治疗师：你现在最想做的事是什么？

马丁：我不知道。

治疗师：你没有发现自己快要停止呼吸了吗？

（屏住呼吸是一种有效的内在心理自我保护策略，当我们担心某些事情可能令自己痛苦时，我们常常会无意识地这样做。）

马丁：哦，是哦。（深深吸了一口气，并莫名开始笑。）

治疗师：你在笑？你现在想做些什么？

马丁：（看向别处。）

治疗师：你有意识到自己在看向别处吗？你现在的

感受是什么？

　　马丁：（沉默。）

　　治疗师：你的手握得很紧。

　　马丁：（沉默。）

　　治疗师：你生气了吗？

　　马丁：或许吧。（看向别处。）

　　治疗师知道，当自我保护策略的力量减弱时，你面对的下一个阶段往往是一种愤怒的情绪。

　　通过上面的对话，我们可以看到马丁的愤怒第一次开始显现出来了。他自动开启的自我保护策略正在随着他的语言表达和内心想法的显露而逐渐失去效力。

　　治疗师会要求马丁从完整的三个方面来描述他的愤怒：他身体上的反应经验；他的理解；以及他的冲动，这种冲动伴随着他脑海中相应的幻想出的画面。在最理想的情况下，这种愤怒的情绪最终将直接表达给治疗师。

　　过程可能会是以下这样（T：治疗师，M：马丁）：

T：你现在对我有什么感觉？

M：很恼火。

T：你能通过你的身体感觉到这种情绪吗？

M：我的腿部肌肉很紧。

T：你的腿现在想做什么？

M：我的右腿想要踢你的椅子，让你摔倒在地。（马丁坐直并深吸一口气。然后，他直接看着治疗师。）

T：当我翻倒在地上时，我看起来怎么样？

M：你看起来有点害怕。（马丁的脸上露出灿烂的笑容，治疗师看到了他以前在马丁身上看不到的活力。）

当马丁开始感觉，开始接触，并向治疗师表达他内心真实的、主要的感受时，此时他童年的记忆可能会在脑海中浮现。将自我保护策略变成一种必要的存在，这种情况可能会突然变得很真实。这种自我保护策略必须被拖入现实的光明之中，并去努力克服它。所有那些令人难以招架的感受都必须被提取、处理和表达出来。

对马丁来说，如果他意识到，现在自己已经是一个成年人了，在和另一名成年人交往时也能够有足够的安全感，这将是一个很大的解放，那么他也将能够处理童年时无法忍受的痛苦感受。

描述自己正在进行的自我保护策略并不是一种令人愉快的体验。我的患者们通常告诉我说，这令他们非常不开心，感觉自己的内心被暴露了出来，失去了控制，而自己也变得不知所措。

一位进入强化短期动态心理治疗的患者在一次治疗后说："在某种程度上，这是我经历过的最好也是最糟糕的事情。说它是最糟糕的，是因为我在经历这件事时完全没有任何安全感，充满了无助。说它是最好的，是因为它给了我一种新的感受，我能感受到另一个人对我的坚持，他坚持要靠近我，不让我逃走，一直不停地追问着我的内心。"

当你开始丢掉自我保护策略时，以环境为对象的自我保护机制将首先出现，而且它们通常出现在你与治疗师的交往关系之中。当自我保护机制的力量减弱时，患者可能会对治疗师感到恼火。患者首先出现的感受可能会因人而异，各有不同，但最常见的情绪是愤怒。

在愤怒的层面之下，随着治疗过程的推进，其他层面的情绪将开始出现。

如上述例子所示，与自我保护策略进行直接的对抗，并不是一个适用于所有人的好方法。但是，对于某些人来说，如果能够掌握正确的使用时机，结果可能会非常有效。

对于其他人来说，最好采用一种更加谨慎的治疗方式。治疗师首先应该帮助患者更好地感知和理解自己。自我保护策略变得不再必要时，可能会自行消失，就像被划伤的皮肤充分愈合时伤口的痂脱落一样。

我有时会谨慎地询问患者是否认为自己的某种思维方式或行为方式可能是一种自我保护策略，以便与他更深层次的感受保持一定距离。如果他明确表达出否定，我不会再去强迫他表达更多，并且会去思考，是不是我错了，在这种可能性下，用上面的比喻来描述，就是他皮肤下的伤疤还没有完全愈合。

　　有些人会在没有专业支持的情况下解除自身多余的自我保护策略——他们会自己一个人或寻找一些伙伴（或朋友）的帮助来完成这件事。不过，大多数情况下，在这一过程中，若是有治疗师的参与或其他指导性的意见，效果可能会很好。当悲伤的情绪过多时，一个能让他们感到安全，可以给予他们肯定和鼓励的人，能够激发他们的希望。

以刺激和愤怒
作为自我保护

当一种自发的自我保护策略暴露出来时，该人通常会产生恼火或愤怒的情绪。当马丁的自我保护策略开始变弱时，他就对治疗师感到恼火。当别人接近我们时，我们中的许多人都可能会有想要表达愤怒的倾向，即使他们给予我们的是对我们有益的，我们想要得到的东西。

举这样一个例子：

有一位患者海伦，总是对她的人际关系感到不满意。有一天，她告诉我，有件事情令她很困惑：她在网络中认识了一个男人，男人曾多次提出想和她在现实中见一面，但她都拒绝了。出于某种原因，她对他非常恼火，但海伦不明白这种恼火是因为什么。我们对此进行了更密切的调查，海伦开始思考并阐述她的烦恼产生的可能原因，例如，她不赞同男人对她的态度。但是没有一个理由可以解释海伦内心为什么会有如此强烈的反应。

当心理治疗进行了很长一段时间，快要接近尾声时，我们才找到了答案。一个海伦未处理的，隐藏在内心的旧时伤痛开始浮现，当这一伤痛被克服并处理过后，海伦变得能够更好地接受她自己渴望得到其他人关注的这一想法。她对这个男人的恼怒消失了。事实上，后来她非常希望和那个男人在一起，因为她觉得他可以比以往任何伴侣给予自己更多的温暖和同情。

如果你隐藏了你已经忘记的某种悲伤、某种渴望或痛苦，那么当你受到别人关注的时候，可能会引起混合反应。"被遗忘"的痛苦将呼之欲出，被人们所关注和处理，并被悲伤所取代。

悲伤和痛苦是治愈创伤之前的必经之路。但是，由于我们的心里有避免疼痛的固有需求，无论我们能否意识到，我们自身都会有许多自我保护策略，这些自我保护策略会成为我们治愈创伤的道路上的绊脚石，阻止我们接近自己的痛苦并去克服它，最后将其融入到我们的性格之中。

我们所拥有的许多自我保护策略是层层相叠着存在的。最表层的策略会保护我们免受外界环境的伤害，在其之下的，便是愤怒和刺激。

愤怒是一种有效的内部和外部自我保护形式。称其为外部保护形式，是因为当其他人意识到你的愤怒时，他们会立刻停止与你的进一步交往，并且离开你。而称其为内在的保护形式，是因为愤怒这种情绪，总是占据着你所有情绪中的最表层，因为它的存在，你将不再能感受到有可能存在的其他情绪，比如无助和悲伤。

若是遭到了别人的欺骗，或者经历了他人对你不公平的待遇，这些想法便很容易让你的愤怒源源不断地涌现。那些内心有愤怒倾向的人通常会产生挫败感和后悔的想法。他们总是会想，如果当初采取不同的行动，事情一定会比现在要好。他们用这个念头来压迫自己的想法。自己内心的愤怒可以像对外愤怒一样，作为一种自我保护策略而存在，防止自己感受到更多的脆弱情绪，例如无力感、悲伤感，或者也可能是一种被禁止的"快乐"。

在读这本书的时候，如果你感觉到恼火，那么可能是因为你已经快要揭露自己的自我保护策略了，你正在使用一种恼火的情绪让自己远离困惑和不适，这是你发现自己的自我保护策略以及解放自己内心的第一步。

愤怒只是层层相叠的自我保护策略中的其中一个层面，而不是最终的目标。当包含着愤怒情绪的自我保护策略变得很脆弱时，人们便能够比以前更加清晰地感受到它的存在，这时他们会体会到极大的放松。他们会发现自己在向别人表达拒绝，说出"不"，以及照顾自己这些事情上做得更好了。随后，他们便会认为自己终于达到了目标。

但愤怒是一个中途的站点。一个人很可能会忍不住在这个站点停留，让愤怒的情绪爆发出来，体现在行为举止之上。

有这样一个例子：

当卡斯帕感觉到自己愤怒的情绪已经呼之欲出时，他回到了他年迈的父母那里，告诉了他们自己是如何看待他们抚养孩子的方式的，并且讲出了所有父母让自己感到失望的瞬间。说出了这一切后，他感觉到了极大的轻松，他觉得开心极了，并且精力充沛，这是一种多年来一直没有过的感受。

但是不经思考就将愤怒的情绪付诸行动，影响人的行为举止，是一种生存的技巧，而不是一种有建设性的情感技能。愤怒的爆发有可能会有其积极的一面，有时，这可能比把什么事都藏在心里不表达出来要更好。如果因为你抒发了自己的愤怒，让你与他人之间的关系产生了裂痕，而你是一个善于请求他人宽恕的人，你便可以再次治愈这种关系。

然而，对于大多数人来说，如果你可以遏制你的愤怒而不立即采取行动，那么对每个人来说都是最好的情况。最好不要立刻就表达出自己的愤怒，让其成为别人心里的负担，而是要在你的心里对自己先做一些思想工作，积累足够的力量来控制自己的愤怒，并让自己保持对他人的同理心，开放自己的心态。

只有在很多年后，卡斯帕才能站在父母的角度看待问题。面对卡斯帕的指控，父母当时并不开心，因为他们意识不到自己曾经做出过这些事，也无法理解卡斯帕的这些指控。之后的很长一段时间，他们面对卡斯帕时都小心翼翼的，而且会和他保持距离，因为他们害怕受到更多的打击。

感受并表达出自己的愤怒，不是最终的目的。在愤怒情绪这一层面的下方，悲伤和痛苦有着更加强大的力量，如果我们能够感受到悲伤与痛苦的情绪，就可以更好地和其他人产生更多亲密关系以及联结，并拥有更多的体会。

悲伤和痛苦

在愤怒和恼火这一自我保护策略的下一层面，便是痛苦和悲伤。有些人认为这只适用于那些童年过得不幸的人。但是，没有人拥有完美的父母。在我们小的时候，都曾感到过失望，也都有过不被爱或被遗弃的经历。而这或多或少地会在我们身上留下一些痕迹。

让我们继续看马丁和治疗师之间的对话。此时距离马丁的愤怒情绪爆发后，已经过了一段时间：

治疗师：你现在能从身体里感觉到什么？

马丁：喉咙被堵住的感觉，很冷，很悲伤。

治疗师：你觉得自己缺少了什么？

马丁：不知道。（看向别处。）

治疗师：你的目光又移开了，你现在觉得怎么样？

马丁：空虚。

治疗师：空虚之中是什么呢？

马丁：（流下眼泪。）

治疗师：你现在想要的是什么？我现在说些什么或者做些什么能让你开心起来呢？

马丁：除非你说你喜欢我。（继续哭泣。）

这时，马丁童年的记忆浮现了。马丁回忆起了在晚餐时刻的餐桌前，他专注地看着母亲的脸，仿佛不想错过一丝母亲珍贵的笑容，哪怕这笑容出现的可能性微乎其微。马丁母亲的脸好像离他很遥远，他想起了自己当时离开餐桌时的失望和失落。之后，他回忆起自己小时候小心翼翼的模样，一个竭尽全力想要被爱但只能得到很少关注和亲密关系的男孩。在这里，马丁正在感受他所缺乏的关爱，重温自己不被爱的感受，可能会造成内心很严重的伤痛，仿佛一次惊天动地的经历，特别是当中如果涉及在你生命早期与你紧密联系的人时，这种感觉会更甚。但是这是问题的核心，也是重新焕发生命活力的源泉。

马丁开始感受到他童年时期的悲伤，开始同情起年幼的自己，如今，他已经长大成人，却依然在努力寻找着丢失的自我。

当一种自我保护策略被摒弃时，童年时期的感受会伴随着它们一开始就拥有的所有强烈感受而突然出现。一开始，当令人窒息般的悲伤湮没他时，他感到非常不愉快；但是，当他学会接受这种悲伤，并为它腾出一定的空间时，他会发现，悲伤和喜悦之间的距离是如此的接近，而让悲伤和快乐两种情绪同时存在，又是一件多么充满生命力的事情。这是如何与你的悲伤保持联系的问题。给它留出空间，把它描述出来，据为己用，这样它就可以成为我们个性的一部分，以便我们能毫不费力地拥有它，并在亲密、安全的关系中将它展现出来。

生活中有许多不恰当的模式，正在成为一种避免悲伤和不适的尝试。

与自己站在一起，就是与你生活中的痛苦站在一起，去面对你所经历过的被爱和不被爱的感受。如果你让自己远离童年时期或后半生中那些被爱或缺少爱的感受，你可能会无法感受到其他人是否喜欢你。

夏洛特是一个长期接受治疗的患者，她说：

现在我已经学会了去感受，那些和我在一起的人，他们的心里究竟是真的喜欢我，还是和我在一起只是因为一时的兴趣。如果是后者，我就会减少对这段关系的投入，并更好地关注自己。

曾经，只要有人仅仅给我一个微笑，或者只是帮助了我一下，我就会把自己所有的真心交付出去。在我的内心深处，我觉得自己是一个很渺小的人，如果有人愿意对我好，我就应该对他感激不尽。

在重新回顾了童年时期的这些经历后，我现在可以看出，自己曾经是一个充满爱心的孩子，从情感接触和温暖的方面来看，我却生活在极度缺乏爱的恶劣环境之中。

一开始，这种意识显得特别强烈，以至于我难以承受，尽管我流下眼泪的大部分情况是因为感受到了释放。有一段时间，我一直处在来回摇摆的状态之中，上一秒，我还觉得自己获得了新的认识，有了新的理解，下一秒，我又开始对刚刚所理解的东西产生怀疑。

现在，随着我不停地在混乱和困惑中挣扎，寻找自己新的身份，我也慢慢地找到了一条新的道路，这已经成为我新的生活基础，从那之中，我能够决定在与他人的交往过程中，自己想要的和不想要的东西。

夏洛特的想法——"我是一个可怜的人"。从童年时期开始，这种想法就根植在她的心里，无论她多么努力地去尝试积极的思考，这个想法都会不停地出现，盘踞在她的内心，并控制她的注意力，让她陷入一种沮丧的情绪中。这个想法具有作为一种自我保护形式的功能，可以避免她感受到童年时期爱的匮乏。直到夏洛特有能力可以直接看到她小时候生活的实际环境时，这个顽强的、根深蒂固的想法才会放松对她的控制。于是，她便能够获得一个符合自己成年后实际状况的崭新的自我理解。

如果你摒弃了现在所拥有的那些弊大于利的自我保护策略，你不一定会感到快乐。起初，你可能会感到脆弱，感觉自己完全暴露了出来，但同时，你会感受到活着的力量在增强。最常见的情况是，你会发现，你有能力在你的那些或好或坏的人际关系中，表现出更多的存在感。有些人说，他们后来在成功的人际关系中获得了更大的满足感和快乐，同时，却也在人际关系中遭受了更大的痛苦，因为在这种关系中，他们无法拥有可以和自己形成亲密关系的伙伴。

当一个人第一次体验与自己的痛苦接触，同时与另一个人保持良好、密切的联系时，他会感受到深刻的、极有力量的人生体验。

厄秀拉是这么说的：

当我被强烈的悲伤所湮没，并且头一次没有产生逃避的欲望，而是与我的治疗师继续沟通时，我好像开启了一个全新的世界。我立马感到自己非常脆弱，这让我有活着的感觉。我突然发现，自己从这段生命旅程中能够得到的东西，要比我想象中的更多，我的希望和能量也在增长。

许多人会耗费极大的精力，来使自己远离他人，远离自身的痛苦。但是将痛苦的感受融入自己的内心，并让自己去感受自己的悲伤和渴望，是能够获得自由的很好途径。

下面是用图形的方式描绘的自我保护机制的不同层级：

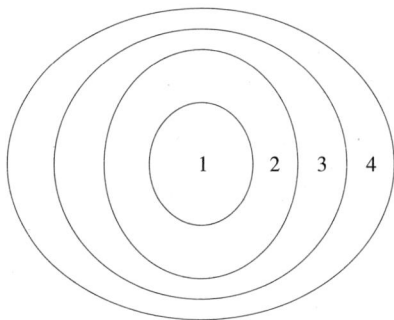

1. 爱和联系   3. 恼火和愤怒

2. 悲伤和痛苦   4. 自我保护策略

对爱和亲密关系
的渴望

从出生那一刻起，我们就已经自然而然地开始了与其他人建立各种密切的联系。就像鸟儿天生就知道如何建造巢穴一样，一个新生的婴儿的身上已然配备了创造人际关系纽带所需的条件因素。

父亲和母亲分别拥有他们各自的过去。他们分别来自不同的家庭，身上带有着他们或好或坏的社会传承和物质遗产。父母是孩子最主要的照顾者，如果他们的心中仍然背负着一些重大的创伤，那么在亲子关系中，就可能出现一些问题。

这个孩子将会在他以后的人生中始终渴望着某种东

西，而且能够很强烈地感受到这种东西的存在，却无法看到其清晰的形象。

夏洛特，我们在上一节提到过的那个患者，突然明白了从她有记忆开始，就一直有一个反复出现的梦。简而言之，这个梦是这样的：夏洛特正处于一个生死攸关的境地。她抓起来一个电话，想要打电话求救，但是她想要用来拨打电话的手机上却没有数字按键。她手里拿着电话，站在那里，绝望地泪流满面，想要与外界联系却没有办法，而在这时她通常会醒来。

这个梦构造出了她小时候所感受到的孤独和绝望的图景，在她成年后，这个梦一次又一次地重复出现着。

夏洛特的母亲患有严重的精神疾病，夏洛特想要与她进行良好的情感接触，是一件非常困难的事情，能够与母亲正常沟通这件事在夏洛特的生活中很少发生，而且没有征兆，没有办法可以预见。作为一个成年人，她便开始重复一种生活模式，在这种生活模式中，她会爱上一些脆弱的男人，这些男人总会向她寻求帮助。每一次，她都会想，这个男人非常孤独，他需要别人的关心，需要与人的联结，而这一切她都可以给他提供。但是，她越是想给予，越是想付出，男人反而越会退却。每一次，她的爱情都以绝望和泪水告终。

在整个治疗过程中，夏洛特意识到，她从自己试图帮助的男人身上感受到的那种孤独感，其实都是她自己的。她其实是通过将自己的孤独感投射到那些男人的身上，从而避免去感觉到这些男人其实非常坚强，夏洛特用这种方式来保护自己不受孤独和渴望的感受的影响。在很长的一段时间里，她都没有办法听关于爱情的歌曲；而且，如果她的某个女性朋友恋爱了，夏洛特就会疏远这个朋友。

夏洛特的寂寞和对爱情的渴望其实非常的显而易见。她有时候会很强烈地感受到这种情绪的一闪而过，但是即使这样，在很长一段时间中，她都无法看到它的全部，这让她十分难受；而且她也无法全身心地感受到自己因为这些情绪所产生的反应。不过，正是因为这些间断性出现的情绪，给了她信心和坚持，促使夏洛特继续寻找那些她丢失的东西。当她意识到自己的那种生活模式，并处理了与母亲之间的关系，学会理解自己的孤独和渴望时，她就再也不需要去远离爱情歌曲和恋爱中的朋友了；同时，在她的生活中，其他类型的男人也开始出现。

有些人并不能感觉到自己对爱的渴望。他们满足于微薄且贫瘠的情感生活。他们已经失去了信念，一种相信爱依然存在的信念。可能，他们只是通过过多的关于食物、睡眠、娱乐或其他形式来蒙蔽自己。但即使是对于这些人来说，他们对爱的渴望，也会在他们的梦境和幻想之中浮现。或许在遇到那些过着会为自己的感情腾出空间的生活的人时，这种人会表示出嫉妒和蔑视。

那些能够感受到自己对爱的渴望的人，比不能看到自己内心的人，更容易找到他们所渴望的东西，无论他们在过程中经历了多少痛苦。

有的人和家人、朋友，以及爱人之间，都有着稳定的关系，然而无论如何他们的心里也都有对爱的渴望。他们可能需要去学习如何亲近别人。在我的书《高敏感是种天赋》中，你可以了解到，如何在不同的人际联系的层级中自由自在地上下移动。那本书为你提供了各种方法，利用这些方法，你可以控制你想要交往的人际关系的深浅程度。

当你对自己思想的来源和你自己本身产生了新的认识后，就会有一个问题经常出现：你是否应该与相关的人分享你的那些新见解。

当今时代与父母的关系

当你开始更加真实地了解你的父母和你自己时，你就是正在为自己做心理工作，适应自己的内心，这个过程通常需要很长时间。你的新见解会对父母产生多大的影响，带来多大的效果，可能会因人而异，与自身和父母之间的关系有关。

但重要的是要意识到，如果你已经将父母理想化，与你自认为完美的父母生活在一起很久，而这一完美形象如今已经破灭了，那么这段关系可能会有一定程度的贬值。以前，一直以来我们都觉得父母在我们眼中比他们实际的样子要更优秀，但现在，我们通常会能够发现他们的缺点，陷入一种认为他们比实际的模样更糟糕的心理状态中。

类似的例子是玛丽亚的经历，她总是产生这样的一种想法："我的父母给了我一切。"然而当她心中理想化的父母形象破灭时，一切都颠覆了。现在，她把父母视为没有给予过她任何好处的人。不过，几个月后，她开始找到心理上的平衡点，并回忆起她的父母以真实无私的方式支持她的美好记忆。

她听从了她的治疗师的建议，等自己的负面情绪在她看待这个世界的新方式中得到了较好的解决后，再去与她的父母分享自己内心新的想法。

另一个例子是索菲娅的故事。她非常清楚地意识到，她的母亲之所以这么对待她，并不是出于恶意。她心里清楚，自己的母亲是被社会经历和生物遗传的因素所影响而变成了现在这个样子。但是尽管如此，当她心中理想化的母亲形象分崩离析时，索菲娅也会感到失望。她觉得她的母亲欺骗了她；在很长的一段时间里，索菲娅既要处理好自己内心的愤怒情绪，还要尽可能地理解母亲，这让她感到很艰难。

在那段时间里，她只通过电子邮件和母亲进行沟通和联系，因为当她和母亲在一个房间里面对面交流时，索菲娅便会产生愤怒和沮丧的情绪，以致内心感到极大的压力，甚至被这种紧张所湮没。

经过长期的广泛治疗，索菲娅变得有能力可以遏制住自己的失望和悲伤，因此她可以再次与她的母亲待在一起，以一种成人的方式沉着冷静地交流。渐渐地，她也获得了力量，也看到了她的母亲从一开始就做过的，想要和女儿亲近交往的尝试和努力。

在最好的情况下，一旦人们对妈妈和爸爸的看法发生了改变，父母和他们已经成年的子女之间就会出现一种全新的、更加平等的关系。而最糟糕的情况是，父母始终无法以一种与原来不同的眼光看待他们的孩子，这种情况会导致父母与子女间的关系变得越来越紧张，以至于连已有的亲子关系中好的方面也会慢慢被湮没。然而，在这两个极端的情况之间，存在许多可能的折中方法。如果你的亲子关系十分紧张，而你却不想完全抛弃和父母的联结，那么选择一年去看望两次父母，一次两个小时，可能是一个很好的解决方案。

改变你对自己和父母的看法是一个很困难的过程，有时，它会在不同的极端之间来回徘徊，直到你找到一种平衡。一个极端是你觉得你的父母比他们实际的样子更好。另一个极端是认为他们实在是糟糕透顶。

当你看待自己时，你也可能会陷入同样的两个极端。在某些时候，你会认为自己是一个完美的人，而在有的时候，你又会觉得自己是一个失败者。而你对伴侣的看法往往会随着你对自己的看法的改变而改变，因此，在一段时间内，如果你觉得，倘若自己恢复单身状态，你的伴侣或爱人根本配不上你，你就特别想要和他分开；而另一种状态下，你会觉得自己无法达到伴侣心中的期望，并且很有可能会被伴侣抛弃，进而被这种焦虑压得不堪重负。

生活的艺术在于找到一个平衡点。这需要你有一个宽广的胸怀，有时，必须在你意识到事情真实发生之前，首先在心中构建出一种可能。为了在中间找到立足点，你必须敢于承认并面对自己的缺陷和优点。

第八章

回归原本的自我

人生充满了变化，

每一个人都在时间的洪流中改变着。

那些与我们相识相知的人，总有一天会离开。

生活就在悲伤与惊喜的交替中前进着。

摘下社交面具

在人际交往中，如果我们无法掌控好与他人的沟通技巧，时常背负有犯错的心理阴影，久而久之，我们所佩戴的社交面具将会变成一个固化的表情，以致我们很难再摘下它。

如果你想看到一张没有佩戴社交面具的脸，那么不妨看看刚好从自己身边经过的公交车。运气好的话，你可能会看到一位正在向窗外张望、以为没有人注意到他的乘客。他或许下巴低垂又或许嘴角微张，总之看起来很轻松的样子。但只要此时有人与他交谈，他就会立刻改变自己上一秒的轻松状态，戴上社交面具，也许还会面露微笑。

当你处在社交场合时，戴上社交面具是件好事。如果不论在什么场合都将真实的自己表露无遗，恐怕是不合适的。但问题是你是否能意识到自己没有佩戴面具，或者已经戴上面具并且知道该在什么时候摘下它，又或者即便是在你最亲密的关系中，你也从来不敢摘下面具。

一位接受心理治疗的患者这么说：

多年来，如果有个男人躺在我身边，我就无法入睡。似乎我从来不敢放松自己的脸。后来，在心理治疗过程中，我发现了自己一直所害怕的只是那个男人会在半夜醒来时看到正在睡觉的我。事实上，每个人都很难带着微笑入睡，并指望它能持续一整晚。而我却害怕自己睡着后不能控制自己的表情，害怕无意识的表情惹人厌烦，更害怕他会因此疏远我，甚至离开我。

展现出你真实的模样是一种良好的沟通方式，而且这种方式是具有传染力的。如果你看到一个真诚而放松的脸庞，你自己脸上的表情也会不由自主地受到感染。同样的道理，如果你看到一张笑容灿烂的脸，即使你一点儿也不开心，你也会很难控制自己不露出笑容来。

然而，笑容可能会使微笑者和受到感染而微笑的人都无法正确地感知自己。例如，如果对方一直冲你微笑，你就很难将自己真实的、不好的感觉说出口。微笑有时候是一种社交面具，它影响一个人内心真实的表达，那么在这样的情况下它就会被视为一种自我保护策略。此外，不间断的喋喋不休也能达到同样的效果，试想一下，和一个总是滔滔不绝的人进行交流是非常困难的。但是，如果双方敢于从滔滔不绝的谈话中抽身而出，勇敢地摘下社交面具，进行良好的眼神交流，那么一种极具生命力的亲密感便会油然而生。

摘下你的社交面具，允许你的脸完全按照真实的状态来呈现，因为它反映了你在当下的内心感受。如果你很少这么做，或者从来没有这么做过，那么这将是可怕的。因为，不论对内还是对外，这样都能实现更好的沟通交流。

如果你想要勇敢地面对自己的人生，想要彻底地感受到自己还活着，你就必须放弃自己固有的想法，比如总认为自己是对的、好的、聪明的，并且千万不要在意别人对你的看法。你必须要敢于做自己，而不是在意当下特定的事物。"我就是我"是一种很好的并且最基本的态度，它能帮助你去接触和探索自己更深层次的感受、欲望或渴望，这样你就能发自内心地重新认识自己。

做真实的自己

如果我们想要清楚地了解自己，就不能有太多无意识的、不自觉的自我保护策略。它们会影响我们的感觉，使我们无法真正地感知自己的内心，更无法了解他人。

选择做你自己就决定了你要努力去感知自己的内心，即使你还不能满足自己或他人的期许，也要坚持下去。

同时，我们也要接受这样一个事实：生活中有很多事情我们都无法掌控，选择做自己，是让我们慢慢放下自己的控制欲，从而能在人生的道路上随遇而安。

人生充满了变化，每一个人都在时间的洪流中改变着。那些与我们相识相知的人，总有一天会离开。生活就在悲伤与惊喜的交替中前进着。

　　在这样的境况下，敢于踏踏实实做一个凡人，并且能够接受自己的平凡，那么我们便能凭着自己当下的感受采取行动，而不是被那些以往的感觉和恐惧所牵制。因此，勇敢地活在当下，才能和他人相遇。若想在当下经历一场真正的邂逅，我们都必须敢于做自己才行。

　　或许我们在一起了，却不曾有真正的相遇。比如，我们是以一种消费的方式在一起的。也许我们是利用别人获得了消遣、娱乐、信息、认可以及我们想要得到的任何东西，因此人们可能会像使用物品一样利用彼此。倘若你只是打开电视获得短暂的消遣，并没有选择给朋友打个电话，聊会儿天，那么很难确定你是否发自内心地想要进行一次真正的邂逅。或许你现在没有精力进行更深层次的社会交往，又或者你对别人的内心世界并没有太大的兴趣。

　　偶尔以这种方式利用彼此并没有什么错。如果我们每时每刻都与自己和他人保持充分的交流，生活就会过于艰辛。但是，如果我们所提供或所接受的交流方式是唯一的，又或者我们自己也没意识到这种情况，那么我们的生活质量就会被降低。

在真正的邂逅中，没有具体的流程，也没有明确的目标，你不想从中得到什么，也不打算利用他人，你们只是在那一刻产生了共鸣。会发生什么事是不可预测的，你可能会因为这次邂逅而改变。也许会出现一个精彩的时刻，会让你感受到"我知道你知道我知道"或"我感觉到你也感觉到我的感觉"。

感觉到被爱，就是你以真实的自我被他人看到并接纳。同样的道理，有能力去爱，就是有能力看到、适应并接纳自己和他人。

犹太哲学家马丁·布伯（Martin Buber）曾说："所有真实的人生，皆是相遇。"我们无法事先计划或决定进行一场高质量的邂逅、一场让我们真正感到自己活在其中的邂逅，但是我们可以为它创造最好的先决条件。当我们审视自己的自我保护机制，并选择彻底接纳自己时，就是在做这件事。而当我们这样做的时候，我们的人际关系就有了新的契机，一切都变得简单了。

放弃你所谓
的坚持

如果你投入大量的精力让自己变得足够好（对大多数人来说够好意味着被爱），那么便很难放弃一个不可能达成的计划——尤其是如果它已经持续了许多年。

这就好比在一家承诺你余生高枕无忧的公司里投资了很多钱买股票。当你马上要失去信心的时候，你会发现你必须投入更多资金才能成功。

当你决定把自己口袋里的钱（精力）流进公司的那一天起，你就会意识到自己做了一笔糟糕的投资，而这又可能会让你因为在这件事上浪费金钱和精力而感到悲伤。但如果你之后还是投入了越来越多的精力，并寄希望于不可能的事情总有一天会成为可能，你就避免了这个令人不快的事实以及你自己的悲伤。

当认识到自己所遵循的人生策略和规则并没有带来想要的结果，而且永远也不会带来自己想要的结果时，你会感到异常震惊且无法接受这样的事实。只有发现还有其他令人满意的生活方式，才能释放出悲伤，与此同时，这也是通往更令人满意的生活和更具幸福的道路。

以下是一个案例：

安妮很早就结了婚，并且在成为人母之前，她并没有工作，所以当她开始抚养孩子时，她决定继续做一个家庭主妇。虽然这样的生活经常让她感到孤独和无聊，但她还是觉得自己无法忍受像普通上班族一样每天外出8个小时去工作。

到了35岁时，安妮因为家庭的经济原因不得不第一次出门找工作，在这个过程中，她惊喜地发现自己在人群中是那样地充满活力，同时，她的情绪也高涨到几乎让自己都认不出自己的程度了。她做了 15 年的家庭主妇，现在突然意识到出门工作反而能让自己的生活过得更好，一时间，她很难接受这种新的认识。为了保护自己不受这种情况的影响，她对此一直心存疑虑，甚至感到悲伤。她告诉自己，八成是因为新鲜感在作祟，才让她觉得这一切很有趣，并带给了她意料之外的欢喜。但是，渐渐地，她开始意识到自己能够处理好上班这件事，并从内心深处接受了这份工作，这给了她新的能量，也让她的孩子从中受益。

从长远来看，她的新快乐远远超过了过去 15 年孤独岁月中积累的悲伤。但是，一开始时，疑惑衍生出的悲伤情绪压倒了一切。如果你不擅长处理这种情绪或者一直以来都在逃避它，你可能会很容易回到旧的模式，对新的快乐产生怀疑，并且会试图淡化或彻底忘掉新的快乐。

在这件事情上，我认为原因在于许多人都固守着旧的模式和过时的策略，只有当他们足够幸运地遇到危机或其他打击时，他们才能够找到合适的出口来释放自己的悲伤。

如果你内心一直有一个试图避免面对或没有完全处理的重大伤痛，那么当你遇到新的伤痛时，你可能会很敏感，就像创伤后应激障碍患者对待他们再次经历的创伤一样。

幸运的是，在如今这个时代，我们有很多机会可以去寻求专业的帮助，可以顺利地克服过去的创伤，并且慢慢学会察觉自己的感受，勇敢地面对生活中的变数。

如果你想真切地感受到生活中的悲伤和快乐，你就必须学会放手。你必须能够对那些曾经出现在你生活中的人或物说再见，这样你才能勇敢地接受即将出现的新事物。人生是瞬息万变的，我们会与他人相遇并建立种种联系。为了在新的关系中重新开始，我们必须与之前的悲伤一刀两断。生活中会有痛哭流涕的时候，也会有开怀大笑的时候，我们无法掌控什么能激起自己最大的快乐抑或是最深的悲伤。但是，如果你善于放手，善于寻找合适的出口释放自己的悲伤，你便能很好地应对生活中的艰难。

危机中蕴藏着生机

当那些对你来说不言而喻的现实和自我理解受到质疑时，有可能会引发某种形式的危机。

比如，当安妮意识到她的丈夫实际上比她想象的更关心她，而她对丈夫的负面印象更多地来自自己的不良情绪时，她会立刻乱了分寸，并且会对自己之前的所有想法和信念都感到怀疑。她坦言那段时间自己好似处于水深火热之中，痛苦不堪，直到过了好几个月，她才又开始以一种新的方式生活。

后来她说：

在我察觉到自己的自我保护策略之前，我很自信，甚至有点儿自负。那时候，我觉得自己表现得很好，只是会一次又一次地遇到非常难相处的人，这让我很烦恼。后来，当我发现自己就是制造麻烦的那个人时，我感到很沮丧。

有时候，当你还没有正式审视自己时，你会觉得自己的生活很轻松，但其实这样的生活也是贫瘠的。你对自己的认知和了解越差，你与他人的人际关系就会越差。如果你不能清楚地了解自己或别人，那些你遇到的问题就会一次又一次地出现，并且在人际交往中，你很难理解自己又或者很难感受到自己被他人理解。当你越来越难感受到自己、越来越不理解自己时，你当下的人生经历就会越来越模糊。

远离人生中的痛苦
——当我们靠近内在自我时

当一些人患上生死攸关的重病后，他们会认真反省自己以前的生活，并下定决心要做出积极的改变，这样的例子不胜枚举。他们往往又会在事后感叹："这种改变给我的生活以及我身边的人带来了更多的快乐，为什么我之前就没有意识到呢？"

其中一个答案是，我们是习惯性的动物。只要没有面临一定程度的压力，我们就会沿着自己熟悉并且舒适的道路一直走下去。

当你摒弃不恰当的自我保护策略后，你会更接近真实的情况，这可能会产生与患严重疾病同样的效果：我们会找到改变自己的动力，尽管这可能让自己感到害怕。有时候，人生中的痛苦必须达到一定的程度，我们才能摆脱安全又便捷的习惯，才能让自己全力以赴地投入到新的生活中去。

当桃乐丝更接近自己的真实状况后，她会更深刻地认识到，自己已经错过了人生中一些最美好的东西，因为她从来不敢走进更深层的感情关系中去。而对她来说，她能够做出弥补的时间是有限的，因为她已年过半百。这种醒悟使她陷入了一场危机，引发了更大的悲痛。

她不得不服用抗抑郁的药物，直到后来才有了足够的精力去改变自己的生活。然后，她做了一件她曾经发誓永远都不会做的事：在一个约会网站上创建了自己的账号。在这里，她发现自己能够真实而具体地表达出自己的想法，比如她会为未来的伴侣做些什么以及将来能够做些什么，更重要的是她表达出了隐藏在自己内心深处的欲求，这些对她的人生都是大有裨益的。后来，她发现和他人的约会是非常有趣且鼓舞人心的。当她停止心理治疗时，她还没有找到男朋友，但她已经遇到了一个成为她重要朋友的男人。

以前的苏珊娜总是和自己的内在自我保持一定的距离，她总是领先自己三步。她时时刻刻都在盘算着再过一会儿、明天甚至明年将要发生的事情。她的脑袋完全被计划和想法占据了，她会不断地想当自己完成所有的规划后，一切会变得多么的美好。

而当她放弃了这种自我保护策略后，她感受到了生活中的痛苦。在过去的十年甚至更长的时间里，她和她的丈夫已经不再那么亲密了，原因在于她一直在生自己先生的气，而直到现在，她才明白，这是因为她无法忍受自己的生活所导致的。

当苏珊娜正视这一现实后，她陷入了深深的悲伤中。多年来，她忽视了自己的感情生活，把一些实际上与丈夫无关且他也无能为力的事情通通归咎于他。苏珊娜的悲伤可能类似于抑郁症，她从一些朋友那里得到了很好的建议，比如，不要总想得那么消极，而要关注积极的一面。但事实是，苏珊娜现在的思维比以往任何时候都更接近现实。她在悲痛之际，向自己的丈夫伸出了双臂，以前所未有的体验，毫无保留地接受了丈夫给予她的一切关怀。

改变旧模式的动力来自于对虚度人生所感到的痛苦和沮丧。当我们不再沉溺于暴饮暴食、过度娱乐、嗜睡、酗酒或其他自我保护策略后，痛苦和沮丧的感觉就会变得足够强烈，强烈到让我们认识到自己必须要做出改变。

摒弃不必要的自我保护策略是一种新的生活方式的开始。第一步就要关注我们自己，审视并反省我们以往的人生策略，并且要认真研究这种策略是有助于开拓我们的人生，还是会模糊我们的认知和妨碍我们的人际关系。

认知引领我们
向前迈进

如果我们并非所有人都活在充满活力、不断发展的人际关系中，原因之一可能是许多人需要更好地靠近自己和他人，直到能够清晰地看清自己和对方为止。然后，高质量的相遇才有可能会出现。

走出自我保护策略迷宫的方法是认知，我们对自己内在自我的认知越少，就会有越多的事情在我们浑然不觉的情况下牵着我们的鼻子走，又或者这些事情会不停地在原地打转。

仅仅知晓无意识的自我保护策略的存在，就足以提升我们对它的注意力，进而提高我们看到自己的自我保护策略的能力。

当我们还是小孩子时，我们或许没有对自己的内在自我产生兴趣，但等到我们长大后，可以进一步地培养这种兴趣。我们可以审视自己的策略，并对其中一些策略进行有益的调整或完全取消，而不是一直停留在相同的模式中。

只要对自己怀有开放、公正、包容的认知和兴趣，我们就能张开自己的胸襟，广纳我们丰富多彩的精神世界。有了这种宽广的胸襟和做真实自己的勇气，我们对他人也能给予同样的开放且包容的关注了。

完成以上所述的步骤后，便已拥有了最佳的先决条件，那么，之后我们就能感受到自己的活力，并且与他人在爱中相遇。

参考文献

Buber, Martin: I and Thou. Martino Fine Books, 2010.

Habib Davanloo: Unlocking the Unconscious. New York: Wiley, 1990.

Habib Davanloo: Basic Principles and Techniques in Short-term Dynamic Psychotherapy. New York: Spectrum Publications, 1978.

Davidsen-Nielsen, Marianne and Nini Leick: Healing Pain: Attachment, Loss, and Grief Therapy. London: Routledge, 1991.

Falk, Bent: Honest Dialogue. Presence, common sense, and boundaries when you want to help someone. Jessica Kingsley Publishers, 2017.

Freud, Sigmund: Inhibitions, Symptoms and Anxiety. Martino Fine Books, 1926.

Jung, C.G. : The Undiscovered Self. London: Routledge; Later Printing (6th) edition (1958).

Kierkegaard, Søren: The Sickness unto Death. London: Penguin Classics; First Printing edition (August 1, 1989).

Kierkegaard, Søren: The Concept of Anxiety. Princeton, NJ: Princeton University Press; First Edition (US) First Printing edition (February 1, 1981).

Miller, Alice: The Drama of the Gifted Child. New York: Basic Books, 1997.

Della Selva, Patricia Coughlin: Intensive Short-term Dynamic Psychotherapy: Theory and Technique. London: Karnac Books, 1996.

O'toole, Donna: Aarvy Aardvark Finds Hope. Burnsville, NC: Compassion Press, 1988.

———

Sand, Ilse: Highly Sensitive People in an Insensitive World: How to Create a Happy Life. Jessica Kingsley Publishers, 2016.

———

Sand, Ilse: The Emotional Compass: How to Think Better about Your Feelings. Jessica Kingsley Publishers, 2016.

———

Sand, Ilse: Tools for Helpful Souls—especially for highly sensitive people who provide help either on a professional or private level. Jessica Kingsley Publishers, 2017.

Yalom, Irvin D: Existential Psychotherapy. New York: Basic Books, 1980.

Young, Jeffrey E: Cognitive Therapy for Personality Disorders: A Schema—Focused Approach. Portland, OR: Professional Resource Exchange Inc, 1990.

致　谢

感谢格式塔分析研究所所长、应用心理学硕士尼尔斯·霍夫梅耶，他是我强化学习短期动力疗法的老师；感谢心理治疗师、神学硕士班特·佛克，他是我学习完形治疗法的老师。

感谢长期以来，在教会里、在我的心理治疗室里、在我的讲座中以及其他信任我并向我倾诉想法和感受的所有人。尤其感谢那些允许我在本书中使用你们真实故事的人。

也感谢那些读过本书初稿并给予我反馈的人，如果没有你们认真细致的指正，这本书将不会达到预期的好效果。在此还要特别感谢马丁·哈斯特拉普、珍妮·塞西莉亚·利加德、延斯·拉斯穆森、克里斯汀·桑德以及皮娅·斯卡德，感谢你们为本书的出版发行做出的独特贡献。